गमक

गमक

(शास्त्रीय संगीत के कलाकारों, विद्वानों, रसिकजनों से बातचीत तथा समीक्षाएं)

ब्रजेन्द्र रेही

JPD

जवाहर पब्लिशर्स एण्ड डिस्ट्रीब्यूटर्स

प्रकाशक
जवाहर पब्लिशर्स एण्ड डिस्ट्रीब्यूटर्स
46, समाचार अपार्टमेंट,
मयूर विहार-1,
दिल्ली-110091
Email: jawaharptt@gmail.com

प्रथम संस्करण
2016

लेज़र टाइपसेटिंग और डिज़ाइन
दर्पण वीडियो इण्डिया

कवर डिज़ाइन
मेराज खान

ISBN: 978-81-93243-84-8

मूल्य : 950 रुपया

मुद्रक
रोशन ऑफसेट प्रिंटर्स
वी-187, विजय पार्क
मौजपुर, दिल्ली-110053

अपनी बात

शास्त्रीय संगीत के कलाकारों, विद्वानों और रसिकजनों से हुई बातचीत तथा नृत्य–संगीत से संबंधित चुनी हुई समीक्षाओं का संकलन है 'गमक'।

मुझे अपनी पत्रकारिता की यात्रा में जिन प्रख्यात् संगीतकारों से मिलने और बातचीत करने का सौभाग्य मिला, उनमें पं० रविशंकर, असगरी बाई, संयुक्ता पाणिग्रही, शरणरानी बाकलीवाल, रेशमा सहित अनेक 'ग्रेट मास्टर्स' थे। इसके अलावा 20वीं शताब्दी के सातवें–आठवें दशक में शास्त्रीय कलाओं के अनेक प्रतिष्ठित गुरुओं से भी साक्षात्कार करने का मौका मिला था, इनमें अमजद अली खां और ज़ाकिर हुसैन प्रमुख हैं।

इस पुस्तक में प्रकाशित रचनाओं को पढ़कर अहसास होगा कि कुछ कलाकारों को छोड़कर अधिकांश उस समय 30 से 40 साल की उम्र के थे और रसिकजनों में बहुत लोकप्रिय थे। उन दिनों उनकी कला परवान चढ़ रही थी।

इसी प्रकार ''हवेली संगीत'' के दो दिग्गज संगीतकारों स्व. पुरुषोत्तमदास पखावजी और स्व. रामदास के संस्मरण भी बहुमूल्य हैं।

अन्य रचनाएं अपने कालखंड का 'सच' हैं जो आज भी जीवंत सी लगती हैं। यह संकलन कला, साहित्य, इतिहास, पर्यटन, पुरातत्त्व आदि में रुचि रखने वाले पाठकों के लिए सार्थक सिद्ध होगा, ऐसा मैं महसूस करता हूँ। शेष तो पाठकों पर ही निर्भर है।

मैं उन सभी छायाकारों का भी आभारी हूँ जिनके फोटोग्राफ्स इस पुस्तक में प्रकाशित किए गए। वस्तुतः ये फोटोग्राफ्स मुझे या तो उन संस्थाओं की ओर से उपलब्ध कराए गए थे जिन्होंने कार्यक्रमों का आयोजन किया था या उन नृत्य–संगीतकारों ने जिनके साक्षात्कार आदि मैंने लिए थे।

मैं पुनः उन सभी समाचार पत्रों, आयोजकों, कलाकारों और छायाकारों आदि के प्रति आभार व्यक्त करता हूँ जिनके कारण ही यह संकलन ''गमक'' के गुलदस्ते के रूप में सजाया जा सका।

इस पुस्तक में संकलित सामग्री पूर्व में विभिन्न समाचार पत्रों में प्रकाशित हो चुकी है।

मैं इस संकलन को प्रकाशित करने के लिए रूद्र पब्लिशर्स एण्ड डिस्ट्रीब्यूटर्स एवं श्री संजय कुमार सिंह का भी आभारी हूँ, जिन्होंने इस पुस्तक को प्रकाशित कर पाठकों तक पहुंचाने का गुरुतर दायित्व वहन किया।

नवम्बर, 2015

–ब्रजेन्द्र रेही
bbrehi@gmail.com

आभार

नवभारत टाइम्स
हिन्दुस्तान
जनसत्ता
राजस्थान पत्रिका
इतवारी पत्रिका
माया
मनोरमा

संगीत नाटक अकादमी
कथक केन्द्र
कदम्ब
जनसंपर्क विभाग, राजस्थान
भारत भवन

अविनाश पसरीचा
स्व० कौशल भार्गव
राजीव विज़
रवि बत्रा

विषय - सूची

अमजद अली खां

रूबरू

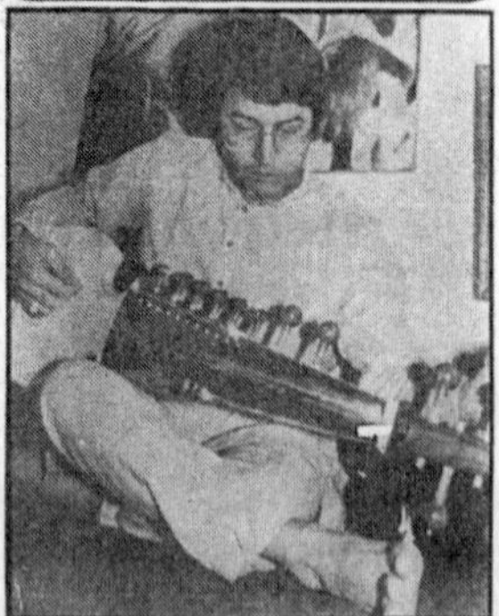

अमजद अली खां : "साफ और स्वस्थ नीति चाहिए"

"यह अजीब गोरखधन्धा है !"

अमजदअली खां सरोद कलाकार के रूप में भारत में ही नहीं, दुनिया में माने जाते हैं।

पिछले दिनों उन्होंने सरकार के काम पर कुछ टिप्पणियां की तो बड़ा विवाद ही उठा। (देखें, इतवारी, 18 अक्टूबर)। इस सन्दर्भ में उन्हीं के दिल्ली निवास पर हुआ यह प्रश्नोत्तरः

पिछले कुछ महीनों में आपने मध्यप्रदेश के विशेष सांस्कृतिक सचिव अशोक बाजपेयी की अनेक जगह आलोचना की है। क्या इसके पीछे कोई व्यक्तिगत कारण है?

नहीं, कोई व्यक्तिगत कारण नहीं है। मेरे विचार में मेरा झगड़ा व्यक्तिगत नहीं है। एक सरकारी अफसर को व्यवहार में सुसंस्कृत होना चाहिए। इस बात को मैं मानता हूं कि अशोक बाजपेयी ने मध्यप्रदेश में सचिव के रूप में सांस्कृतिक गतिविधियों का विस्तार किया है लेकिन अब ऐसा लगता है कि वे न जाने किस कारण उचित-अनुचित का ज्ञान भूल गये हैं।

इसका मतलब क्या यह हुआ कि कलाकार, लेखक जानते-बूझते उनका साथ दे रहे हैं?

सभी कलाकार एक जैसे नहीं होते। फिर कइयों की व्यक्तिगत मजबूरियां भी होती हैं। रोटी का भी सवाल है। संगीतकार लोग तो मजबूरी में जी-हुजूरी करते रहते हैं। सब इस बात को अच्छी तरह जानते हैं कि शास्त्रीय कलाओं में कोई खास 'कमर्शियल गेन' नहीं है।

जहां तक किसी को स्वीकार करने और अस्वीकार करने की बात है, तो एक बात मैं खुलासा कर दूं कि जिन लोगों ने कला को प्रतिभा मानकर स्वीकार किया है, वे दुनिया की किसी हस्ती के सामने झुकने वाले नहीं होते। देश में हजारों-लाखों व्यापारी हैं, जौहरी हैं, ठेकेदार हैं, पर कलाकार गिने-चुने हैं। इन कलाकारों पर देश को नाज है। और भी कोई ज्यादा साफ पूछना चाहे तो इतना कहता हूं कि प्रकृति से हम लोग अध्यात्मवादी होते हैं। मैं भी हूं। हमारे पिताजी भी ऐसे ही थे।

विषयांतर हो गया.... आप तो मध्यप्रदेश सरकार की सांस्कृतिक समिति के भी सदस्य हैं?

हां। मुझे सांस्कृतिक विभाग की कमेटी में उन लोगों ने रखा है। मैं ग्वालियर का रहने वाला हूं। हमारे पूर्वज भी देश की ही सेवा करते रहे हैं। मैं भी सेवा ही कर रहा हूं। इसके बावजूद मैं कभी बैठक में नहीं गया। इसलिए नहीं गया कि कुछ बातें हमें अच्छी नहीं लगीं। मुझे दुःख भी हुआ। मैं कुछ बोला जरूर, पर मैंने यही सोचा कि सरकार का मामला है, जनता बोले। जनता न बोले तो कम से कम वे कलाकार बोलें जो मध्यप्रदेश में रहते हैं और वहां की सांस्कृतिक गतिविधियों से सीधे जुड़े हुए हैं। दुःख की बात यह है कि न कलाकार बोले, न जनता बोली।

वे कौनसे कारण हैं जिनसे आपको दुःख पहुंचा?

बाजपेयी ने मुझे एक चिट्ठी लिखी थी। वह चिट्ठी थी मध्यप्रदेश के रजत जयंती समारोह से सम्बन्धित। सरकार नवम्बर में समारोह मना रही है। उस चिट्ठी में बाजपेयी ने ऐसे शब्दों का इस्तेमाल किया, जो मुझे बर्दाश्त नहीं हुए। मैंने उन शब्दों से अपमान महसूस किया। शायद भूल से उनसे ऐसा हो गया होगा जिसके लिए बाद में उन्होंने खेद प्रकट किया। पर एक सरकारी सम्मान की तौहीन होती है, औपचारिक पत्र व्यवहार में वे सीमाएं किसी को नहीं तोड़नी चाहिए—चाहे वह आदमी मन्त्री हो या बड़ा अफसर। जब कोई सरकार में है तो उसे याद रखना चाहिए कि वह जनता का सेवक और ट्रस्टी है। फिर अगस्त में एक खत और आया। उस खत में भी वही बात थी। मैं क्या करता। फिर उन बाजपेयीजी ने कुछ काम ही ऐसे किये। ठीक वैसे ही जैसे राजाओं के जमाने में हुआ करते थे।

आपने अपने विरोध में अपने पिताजी से सम्बन्धित कोई बात कही थी!

जरूर कही थी। उदाहरण के रूप में। म.प्र. में बड़े-बड़े कलाकार हुए हैं, जिनकी प्रांत में कहीं कोई स्मृति नहीं मनायी गयी। जिनके सम्मान में कोई समारोह नहीं किया गया। कोई मेमोरियल नहीं बनाया गया। हां, मियां तानसेन की यादगार जरूर बनाई गई। पर वे कब पैदा हुए थे? तीन-चार शताब्दी गुजर गई! मैं कहता हूं, भाई, और भी लोग हुए हैं। मियां तानसेन के बाद अल्लाउद्दीन साहब की बरसी मनानी शुरू की। उनके नाम से अकादमी भी खोली गयी। फेलोशिप एवार्ड दे रहे हैं। चलिए एक कलाकार को इज्जत मिली। इस सबसे एतराज नहीं है। पर सवाल यह है कि आप यह काम कर रहे हैं, जो चल गये उनकी इज्जत कर रहे हैं, जरूर कीजिए। लेकिन अपने 'घर' (प्रांत) के लोगों को क्या सचमुच स्मरण कर रहे हैं। अलाउद्दीन साहब के जमाने में और भी बहुत बड़े-बड़े [illegible] कलाकार हुए हैं। जिनके पूर्वज भी गाते-बजाते थे और मध्यप्रदेश में ही पैदा हुए थे उन्होंने आगे भी कलाकार तैयार किये। मेरे पिता हाफिज अली खान भी इनमें थे। लेकिन चूंकि पिता थे, इसलिए उल्लेख कर रहा होऊं, यह कोई नहीं कह सकता। उन्होंने तानसेन के वंश के उस्ताद वजीर खान से शिक्षा ली थी। .... उनके समकालीन और भी हुए, जैसे देवास के उस्ताद रजब अलीखान। हलीम जाफर खां के गुरु बाबू खां, उस्ताद जहांगीर खान तबलावादक, राजा भैया पूंछवाले, बालाभाऊ उमडेकर 'कुण्डलगुरु'। पं. कृष्णराव के पिताजी पं. शंकर राव। अलाउद्दीन खां से पहले की पीढ़ी के लोग थे। बड़े ऊंचे-ऊंचे कलाकार। अब प्रदेश के। अमानत खां साहब जिनसे पिताजी ने गाना सीखा। अमान अली खां साहब। बड़े गुलाम अली खां के समकालीन इन्दौर के अमीर खां। इनके अलावा भी बहुत सारे कलाकार हुए हैं। सरकार को मालूम नहीं। अब यह मध्यप्रदेश की जनता का फर्ज है कि वह सरकार को याद दिलाये।

मेरे साथ तो यह हुआ, आप जानते हैं, कि मैंने जितनी दफा ये बातें उठायीं, बाजपेयी साहब ने यह जवाब देने और दिखाने की कोशिश की कि मेरे पिताजी को कहां-कहां सम्मान दिया गया!

क्या आप भी मध्यप्रदेशशासन से कुछ चाहते हैं?

मैं निजी तौर पर कुछ भी नहीं चाहता। खुदा की दुआ है, सभी कुछ है। लेकिन, जैसे, मध्यप्रदेश शासन कालिदास समारोह करता है। प्रतिवर्ष दो कलाकारों को एक-एक लाख रुपये दिये जाते हैं। एक तरह से वह सराहनीय बात है। मध्यप्रदेश सरकार ने अच्छा काम किया क्योंकि इस तरह की बात केन्द्र सरकार ने भी नहीं सोची! न किसी दूसरे राज्य ने ऐसा सोचा। लेकिन ये पुरस्कार सिर्फ सम्मान नहीं होते, आर्थिक सहयोग भी होते हैं। इसमें मेरा मानना है कि मध्यप्रदेश की सरकार को पुरस्कार मध्यप्रदेश के कलाकारों को देना चाहिए। 21 हजार रुपये का जो पुरस्कार प्रदेश के कलाकारों के लिए रखा है, बहुत कम है। राष्ट्रीय पुरस्कार तो केन्द्र सरकार को देना चाहिए। मध्यप्रदेश सरकार ने जो पुरस्कार दिये वे बाहर के कलाकारों को दिये। फिर अगर शासन राष्ट्रीय पुरस्कार देना ही चाहता है तो अपने प्रदेश के राष्ट्रीय स्तर के कलाकारों को देना चाहिए। वे कलाकार संगीत ही नहीं सभी प्रकार की कलाओं और विधाओं के हो सकते हैं। मेरा मानना है कि ये पुरस्कार पुरस्कार नहीं होते, एक 'सिक्यूरिटी' भी होते हैं। ऐसा सहयोग होगा तो अच्छी कला का सर्जन कर पायेंगे।

इस सुरक्षा के बिना क्या कलाकार काम नहीं कर सकता?

क्यों नहीं कर सकता। करता आया है। शासन किसी कलाकार को बनाता नहीं है। कलाकार तो रचना करता है। उसकी अपनी खुशबू और खूबसूरती होती है। यह उसका निजी काम है। अब इसमें शासन का क्या जुड़ाव होगा। शासन इसमें निजी तौर पर कुछ नहीं कर सकता, मोटे तौर पर कला के प्रसार आदि के लिए पोषण में सहारे के काम कर सकता है। कला की रचना से इसका ताल्लुक नहीं है। ताल्लुक है तो विकास से, यह भी एक खास तरह का और सार्वजनिक। इसके लिए नीतियों का बनाना और लागू करना काफी समझ से सोच-विचार कर करना चाहिए। वरना आप निजी तौर पर 'प्रोत्साहन' का धन्धा करने लगेंगे। इससे कलाकार का नुकसान है, दूसरे रूप में खुद कला का। अजीब गोरखधन्धा है! आपको कला से नहीं, कलाकार से मतलब है!

वैसे कला और कलाकार एक तरह से अलग तो नहीं है!

अलग है। जैसे नहीं है। कला एक प्रवृत्ति है।.... शासन या सरकार आखिर क्या है? निजी नहीं, व्यक्ति का नहीं, समूह का प्रतिनिधित्व है। यहां समूह और व्यक्ति जैसे अलग हैं, वैसे ही कला और कलाकार भी। निजी होकर भी कई बातें—सामूहिक रूप में महत्वपूर्ण होती हैं, इससे आदमी छोटा नहीं होता, अलग नहीं होता। और... आप कहेंगे विषय बदल गया! ...मेरा यही कहना है कि शासन अपना काम करे, कला के विकास में जरूर मदद दे, यह हमारा जायज हक है और उसका जिम्मा। इसमें नीति साफ और स्वस्थ होनी चाहिए।

—ब्रजेन्द्र रेही

"यह अजीब गोरखधन्धा है!"

(15 नवम्बर, 1981)

अमजद अली खां सरोद कलाकार के रूप में भारत ही नहीं, दुनिया भर में सराहे जाते हैं। पिछले दिनों उन्होंने सरकार के काम पर कुछ टिप्पणियां कीं तो बड़ा विवाद हो उठा। इस सन्दर्भ में उनसे उनके दिल्ली निवास पर हुआ यह प्रश्नोत्तर :

पिछले कुछ महीनों में आपने मध्यप्रदेश के विशेष संस्कृति सचिव अशोक वाजपेयी की अनेक जगह आलोचना की है। क्या इसके पीछे कोई व्यक्तिगत कारण है?

नहीं, कोई व्यक्तिगत कारण नहीं है। मेरे विचार से मेरा झगड़ा व्यक्तिगत नहीं है। एक सरकारी अफसर को व्यवहार में सुसंस्कृत होना चाहिए। इस बात को मैं मानता हूं कि अशोक वाजपेयी ने मध्यप्रदेश में सचिव के रूप में सांस्कृतिक गतिविधियों का विस्तार किया है लेकिन अब ऐसा लगता है कि वे न जाने किस कारण उचित–अनुचित का ज्ञान भूल गए हैं।

इसका मतलब क्या हुआ कि कलाकार, लेखक जानते–बूझते उनका साथ दे रहे हैं?

सभी कलाकार एक जैसे नहीं होते। फिर कईयों की व्यक्तिगत मजबूरियां भी होती हैं। रोटी का भी सवाल है। संगीतकार लोग तो मजबूरी में जी हुजूरी करते रहते हैं। सब इस बात को अच्छी तरह जानते हैं कि शास्त्रीय कलाओं में कोई खास 'कॉमर्शियल गेन' नहीं है।

जहां तक किसी को स्वीकार और अस्वीकर करने की बात है, तो एक बात का मैं खुलासा कर दूं कि जिन लोगों ने कला को साधना मानकर स्वीकार किया है, वे दुनिया की किसी भी हस्ती के सामने झुकने वाले नहीं होते। देश में हजारों–लाखों व्यापारी हैं, जौहरी हैं, ठेकेदार हैं, पर कलाकार गिने–चुने हैं। इन कलाकारों पर देश को नाज़ है। और भी कोई ज्यादा साफ पूछना चाहे तो इतना कहता हूं कि प्रकृति से हम लोग आध्यात्मवादी होते हैं। मैं भी हूं, हमारे पिताजी भी ऐसे ही थे।

आप तो मध्यप्रदेश सरकार की सांस्कृतिक समिति के भी सदस्य हैं?

हां, मुझे सांस्कृतिक विभाग की कमेटी में रखा गया है। मैं ग्वालियर का रहने वाला हूँ। हमारे पूर्वज भी देश की ही सेवा करते रहे हैं। मैं भी सेवा ही कर रहा हूँ। इसके बावजूद मैं कभी बैठक में नहीं गया क्योंकि कुछ बातें मुझे अच्छी नहीं लगीं, दुःख भी हुआ। मैं कुछ बोला जरूर, पर मैंने यही सोचा कि सरकार का मामला है, जनता बोले। जनता न बोले तो कम से कम वे कलाकार बोलें जो मध्यप्रदेश में रहते हैं और वहां की सांस्कृतिक गतिविधियों से सीधे जुड़े हुए हैं। दुःख की बात यह है कि न कलाकार बोले, न जनता बोली।

वे कौन से कारण हैं जिनसे आपको दुःख पहुंचा?

वाजपेयी ने मुझे एक चिट्ठी लिखी थी, वह चिट्ठी थी मध्यप्रदेश के रजत जयंती समारोह से संबंधित। सरकार नवम्बर में समारोह मना रही है–उस चिट्ठी में वाजपेयी ने ऐसे शब्दों का इस्तेमाल किया जो मुझे बर्दाश्त नहीं हुए। मैंने उन शब्दों से अपमान महसूस किया। शायद भूल से उनसे ऐसा हो गया होगा जिसके लिए बाद में उन्होंने खेद प्रकट किया। पर सरकारी अफसर की सीमाएं होती हैं, औपचारिक पत्र व्यवहार में वे सीमाएं किसी को नहीं तोड़नी चाहिए, चाहे वह आदमी मंत्री हो या बड़ा अफसर। जब कोई सरकार में है तो उसे याद रखना चाहिए कि वह जनता का सेवक

और ट्रस्टी है। फिर अगस्त में एक खत और आया। उस खत में भी वही बात थी। मैं क्या करता?

आपने विरोध करते हुए अपने पिताजी से सम्बन्धित कोई बात कही थी?

उदाहरण के रूप में जरूर कही थी। मध्यप्रदेश में बड़े–बड़े कलाकार हुए हैं जिनकी प्रांत में कहीं कोई स्मृति नहीं मनायी गयी, जिनके सम्मान में कोई समारोह आयोजित नहीं किया गया। हां, मियां तानसेन की यादगार जरूर मनाई गई। पर वे पैदा कब हुए? तीन–चार शताब्दी गुजर गईं। मैं कहता हूँ भाई, और भी लोग हुए हैं मियां तानसेन के बाद। अलाउद्दीन खां साहब की बरसी मनानी शुरू हुई। उनके नाम से अकादमी भी खोली गई। फेलोशिप, अवार्ड दे रहे हैं। चलिए, एक कलाकार को इज्ज़त मिली। इस सबसे एतराज नहीं है। पर सवाल यह है कि आप यह काम कर रहे हैं, उनकी इज्ज़त कर रहे हैं, जरूर कीजिए। लेकिन अपने घर (प्रांत) के लोगों को क्या सचमुच स्मरण कर रहे है ?

अलाउद्दीन खां साहब के ज़माने में और भी बहुत बड़े–बड़े खानदानी कलाकार हुए हैं जिनके पूर्वज भी गाते बजाते थे और मध्यप्रदेश में ही पैदा हुए थे। उन्होंने आगे भी कलाकार तैयार किए। मेरे पिता हाफिज अली खां भी इनमें से एक थे। लेकिन चूंकि पिताजी थे, इसलिए उल्लेख कर रहा हूँ, यह कोई नहीं कह सकता। उन्होंने तानसेन के वंश के उस्ताद वजीर खान से शिक्षा ली थी। उनके समकालीन और भी हुए जैसे देवास के उस्ताद रज्ज़ब अली खां, हलीम जाफर खां के गुरू बाबू खां, उस्ताद जहांगीर खान तबलावादक, राजा भैया पूंछवाले, बालाभाऊ उमडेकर 'कुण्डलगुरू', पं. कृष्णराव के पिताजी पं. शंकर राव।

अलाउद्दीन खां से पहले की पीढ़ी के लोग बड़े ऊंचे–ऊंचे कलाकार थे, सब प्रदेश के। अमानत खां साहब, जिनसे पिताजी ने गाना सीखा, अमान अली खां साहब, बड़े गुलाम अली खां साहब, बड़े गुलाम अली खां के समकालीन इन्दौर के अमीर खां। इनके अलावा भी बहुत सारे कलाकार हुए हैं। सरकार को कुछ मालूम नहीं। अब यह मध्यप्रदेश की जनता का फर्ज़ है कि वह सरकार को इन सबकी याद दिलाए।

मेरे साथ तो यह हुआ, आप जानते हैं कि मैंने जितनी दफा ये बातें उठायीं, वाजपेयी साहब ने यह जवाब देने और दिलाने की कोशिश की कि मेरे पिताजी को कहां–कहां सम्मान दिया गया।

क्या आप भी मध्यप्रदेश शासन से कुछ चाहते हैं?

मैं निजी तौर पर कुछ नहीं चाहता। खुदा की दुआ है, सभी कुछ है। लेकिन जैसे मध्यप्रदेश शासन कालिदास समारोह करता है, प्रतिवर्ष दो कलाकारों को एक–एक लाख रुपये दिए जाते हैं। एक तरह से यह काम सराहनीय बात है। मध्यप्रदेश सरकार ने अच्छा काम किया क्योंकि इस तरह की बात केन्द्र सरकार ने भी नहीं सोची, न किसी दूसरे राज्य ने ऐसा सोचा। लेकिन ये पुरस्कार सिर्फ सम्मान नहीं होते, आर्थिक सहयोग भी होते हैं।

मेरा मानना है कि मध्यप्रदेश की सरकार को पुरस्कार मध्यप्रदेश के कलाकारों को देना चाहिए। 21 हजार रुपये का जो पुरस्कार प्रदेश के कलाकारों के लिए रखा है, बहुत कम है। राष्ट्रीय पुरस्कार तो केन्द्र सरकार को देना चाहिए। ये कलाकार संगीत ही नहीं सभी प्रकार की कलाओं और विधाओं के हो सकते हैं। मेरा मानना है कि ये पुरस्कार पुरस्कार नहीं होते, एक 'सिक्योरिटी' भी होते हैं। ऐसा सहयोग होगा तो कलाकार अच्छी कला का सृजन कर पाएंगे।

सरकारी मदद के बिना क्या कलाकार काम नहीं कर सकता?

क्यों नहीं कर सकता, करता आया है। शासन किसी कलाकर को बनाता नहीं है। कलाकार तो रचना करता है, उसकी अपनी खुशबू और खूबसूरती होती है। यह उसका निजी काम है। अब इसमें शासन का क्या जुड़ाव होगा? शासन इसमें निजी तौर पर कुछ नहीं कर सकता। हां, मोटे तौर पर कला के प्रसार आदि के लिए पोषण में सहारे के काम कर सकता है।

कला की रचना से इसका ताल्लुक नहीं है। ताल्लुक है तो विकास से, वह भी एक खास तरह का और सार्वजनिक। उसका काम इसके लिए नीतियों को बनाना और इनको लागू करना है। वरना आप निजी तौर पर 'प्रोत्साहन' का धन्धा करने लगेंगे। इससे कलाकार का नुकसान है, दूसरे रूप में खुद कला का। यह अजीब गोरखधंधा है। आपको कला से नहीं, कलाकार से मतलब है।

वैसे कला और कलाकार एक तरह से अलग तो नहीं हैं?

अलग हैं। कैसे नहीं हैं? कला एक प्रवृत्ति है। शासन या सरकार आखिर क्या है? निजी नहीं, व्यक्ति का नहीं, समूह का प्रतिनिधित्व है। जैसे यहां समूह और व्यक्ति अलग–अलग हैं, वैसे ही कला और कलाकार भी। निजी होकर भी कई बातें सामूहिक रूप में महत्वपूर्ण होती हैं। इससे आदमी छोटा नहीं होता, अलग नहीं होता। खैर, मेरा यही कहना है कि शासन अपना काम करे, कला के विकास में जरूर मदद दे, यह हमारा जायज़ हक़ है और उनका जिम्मा। इसमें नीति साफ और स्वस्थ होनी चाहिए।

▼ ▼ ▼

ज़ाकिर हुसैन

अभी तो मैं सीख रहा हूँ!

(जयपुर में, 06 मार्च 1980)

आप दुनिया के कई देशों में घूमकर आए हैं, वहाँ भारतीय संगीत कला को किस नज़र से देखा जाता है ?

बहुत सारे शहरों में घूम आया हूँ। दुनिया का चक्कर पूरा हो गया है। अमरीका, ऑस्ट्रेलिया, न्यूज़ीलैण्ड, फिलीपीन्स, इंग्लैण्ड, जर्मनी, फ्रांस, इटली, रूस, यूगोस्लाविया सभी जगह घूम आया हूँ। वहाँ के लोग भारतीय संगीत को सच्चे दिल से बैठकर, सुनकर समझने की कोशिश करते हैं। उसको सराहने की कोशिश करते हैं। मुझे इस बात का भरोसा है कि यदि उनकी यह जेनरेशन नहीं तो अगली जेनरेशन हिन्दुस्तानी लोगों की तरह हमारे भारतीय संगीत को समझने लगेगी।

जब संगीत की शिक्षा दी जाती है तो कुछ लोग शागिर्द होते हैं। उनको समझना, उनमें उठने–बैठने से, उनको जानने से अपनापन पैदा होता है। अगली जेनरेशन यानी उनके जो बच्चे होंगे, उसी में पलेंगे, उसी में बढ़ेंगे तो एक एन्वायर्नमेंट बन जायेगा, मुझे ऐसा लगता है।

अब तक कितने प्रदर्शन किये तथा पहला प्रदर्शन किस उम्र में व किस सन् में किया?

सबसे पहले बचपन में बच्चों के प्रोग्राम में बजाया, 11 साल का होऊँगा, तब मैंने शुरू किया। बहुत जगह किया, अब 28 साल का हूँ। 11 से 18 साल तक हिन्दुस्तान में काफी बजाना रहा। 18 साल से अब तक विदेशों में बजा रहा हूँ। अब आप ही अंदाज़ा लगा लीजिए। वहाँ पर शुक्रवार, शनिवार, रविवार सप्ताह में तीन प्रोग्राम होते हैं।

आप रियाज़ कैसे करते हैं? जो न्यू–कमर आर्टिस्ट सीख रहे हैं, उनको रियाज़ कैसे करना चाहिए?

रियाज़ के दो तरीके हैं। एक जो सितार से तबले के साथ होता है, यह ऊपर का रियाज़ है। एक रियाज़ होता है अंदर का। अंदर का भावना का, उत्साह का, अंदर की समझ का, अंदर से समर्पण का रियाज़ जरूरी होता है। उसके बग़ैर यह ऊपरी रियाज़ धरा का धरा रहता है। आपको जानकर आश्चर्य होगा कि मैंने जीवन में कभी दो–तीन घंटे से ज़्यादा रियाज़ नहीं किया।

क्या अभी भी नियमित रियाज़ करते हैं?

अब तो ज़रा मुश्किल हो जाता है। आधा घंटा, पौन घंटा रियाज़ कर लेता हूँ। सारा दिन बैठकर गिनना, बोल पढ़ते रहना, यह बात दिमाग में बैठ गई। भीतर का रियाज़ चलता रहा। रियाज़ एक जगह तक काम करता है। अगर दिल में कुछ नहीं है तो आपकी कला में ज़िन्दगी पैदा नहीं होगी। आप भले ही कितना रेला बजा लीजिए, वह काम नहीं करेगा। जब तक दिल से काम न हो, रस पैदा नहीं होता।

आपने अपने पिताजी अल्लारखा खाँ साहब से जो चीज़ें सीखी हैं वह तो आपकी अपनी हैं। क्या किसी दूसरे गुरू की चीज़ें भी सीखी हैं?

मैं बहुत से लोगों की चीज़ें बजाता हूँ। मेरा यही ख्याल रहा है कि पंजाब घराने की चीज़ें चली आ रही हैं जो मैं सीख रहा हूँ। कभी–कभी मैं बनारस घराने की भी चीज़ बजाता हूँ, फर्रुखाबाद घराने की भी चीज़ बजाता हूँ, दिल्ली घराने की भी बजाता हूँ क्योंकि तबला तब तक पूरा नहीं होगा जब तक कि तबले की जितनी शाखाएं हैं, उनका "रोगनजोड़" बजाया न जाए।

बाद में लोग यही बोलेंगे कि यह तो कॉकटेल हो गया है। यह तो पता ही नहीं चलता है कि कौन से घराने का बजाता है। लेकिन मेरा मानना है कि हर तरह का तबला बजाया जाए। मैं समझता हूँ कि आगे चलकर लोग यह नहीं देखेंगे कि घराना कौन सा है, वह सिर्फ तबले की ही तारीफ करेंगे।

पिछले 30–35 वर्षों में तबले का जो स्थान बना है वह कमाल की बात है। स्व० अहमद जान थिरकवा, पं० किशन महाराज, सामता प्रसाद जी और मेरे पिताजी ने तबले को एक स्तर पर लाने के लिए काफी मेहनत की है।

आज तो समाचार पत्रों में तबला वादकों के नाम आते रहते हैं परन्तु उस समय ऐसी बात नहीं थी। लोगों को तबला वादक के बारे में पता ही नहीं चलता था। लेकिन आज तबला वादकों को जो स्थान मिला है उससे उनको प्रोग्राम में कहीं भी आने–जाने के लिए ऑर्गेनाइज़र की तरफ से हवाईजहाज की टिकटें भी आसानी से मिल जाती हैं।

आपका मतलब यह है कि अब तबला बजाने वालों को काफी महत्व दिया जाने लगा है?

बिल्कुल मिला है और यह सब हमारे तीन–चार बड़े लोगों की कड़ी मेहनत की वजह से ही प्राप्त हुआ है। इन्होंने बड़ी मुश्किलें झेलकर, काफी झगड़ कर यह मुकाम बनाया है, उससे हम लोगों को काफी आसानी हो गई है।

आप लगभग पूरी दुनिया में कार्यक्रम कर चुके हैं? कुछ नया करने के बारे में आप क्या सोचते हैं?

कुछ नया करना है यह सोच कर नहीं किया जा सकता, वह तो अपने आप ही हो जाता है। जैसे किसी ने कोई नया राग बनाया तो बन गया लेकिन अगर आप संगीत–शास्त्र में देखें तो उसमें हजारों राग हैं, कहीं न कहीं तो उसका जोड़ मिल ही जाएगा, कहीं न कहीं तो वह पैदा हो ही जाएगा। हाँ, वह अलग बात है कि आप उस राग को किसी दूसरे नाम से सामने ले आएं। अब जैसे कि पुरानी गतें, परणें, कायदे, रेले हैं, अब उसमें से हमने कुछ इधर–उधर से लेकर जोड़–जाड़ कर कुछ नया कर भी लिया तो हमने कुछ नया नहीं किया। हमने जो किया, वह अपने उस्ताद को सुनकर, उसको बजाया है। उससे अच्छा तो नहीं हो सकता है, बिगाड़ा जरूर जा सकता है।

यह तो आपका अपनी गुरू परंपरा के प्रति समर्पण का भाव है इसलिए आप कह रहे हैं।

नहीं, ऐसी बात नहीं है। परंपरा और गुरू दोनों जरूरी हैं। वैसे गलती से या कुछ नया निकल आये या पैदा हो जाए तो मैं इस संभावना से इंकार नहीं करता बल्कि प्रार्थना करता हूँ कि कभी ऐसा हो। हिन्दुस्तानी संगीत के लिए, शास्त्रीय संगीत के लिए यह जरूरी है कि वह आगे बढ़ता रहे, उसमें नई बातें पैदा हों।

आज की पीढ़ी जो तबले की तरफ आकर्षित हो रही है, वह कैसे सीखे?

जहाँ तक मेरा ख्याल है, अभी जो युवक कलाकार हैं उनका जो स्तर है, वह बहुत अच्छा है। तबले में आपको ऐसे बहुत से कलाकार मिलेंगे जो बहुत ही अच्छा बजा रहे हैं।

कुछ नाम भी लगे हाथों बता दीजिए...

जैसे कि दिल्ली में शफआत अहमद खान, चद्रमोहन और रूपन चौधरी, शंकर घोष जी और अनिन्द्र चटर्जी हैं। करामत खां साहब के लड़के साबिर, किशन महाराज जी के लड़के पूरण और सामता प्रसाद जी के दोनों–तीनों लड़के, कुमार लाल जी, कैलाश लाल जी और निज़ामुद्दीन खाँ साहब हैं। ये सब लोग बहुत अच्छा बजा रहे हैं।

इस समय तबले का जो स्टैण्ड है वह बहुत ही कमाल का है। आपको बहुत से तबला प्लेयर मिल जाएंगे जो आलराउंडर हैं। सबसे ऊपर लतीफ भाई का नाम है। उन्होंने अपने आपको इतना स्थापित कर लिया है, जिसने उनको सुना होगा, भूलेगा नहीं। बहुत से नवयुवक कलाकार उभर कर आए हैं और इसी कारण प्रतियोगिता बढ़ गई है। सभी को कुछ न कुछ नया करने के बारे में सोचना पड़ता है क्योंकि कहीं ऐसा न हो कि दूसरा आपसे आगे निकल जाए। यह एक फ्रैण्डली कॉम्पीटीशन है और इससे तबला वादन का ही विस्तार हुआ है कि आज इतने सारे आर्टिस्ट तबला बजा रहे हैं। मेरा मानना है कि इससे शास्त्रीय संगीत का भविष्य सुरक्षित है।

क्या सिनेमा तबले को खत्म तो नहीं कर देगा? जैसे रेडियो, टेलीविजन आदि...

नहीं, नहीं...

कैसे?

शास्त्रीय संगीत को 5 हजार साल में भी कोई नहीं मार पाया, अब कौन मारेगा? संगीत का एक अलग स्थान है। आप कुछ भी कह लें, और चाहे कुछ भी हो जाए, शास्त्रीय संगीत के जो दर्शक हैं, सुनने वाले हैं, चाहने वाले हैं, वह हमेशा रहेंगे।

अब देखिये हॉल में जितने लोग हैं उनमें से 50 परसेंट यंग आर्टिस्ट नज़र आएंगे। तो ये सिनेमा होते हुए, रेडियो होते हुए, टी.वी. होते हुए भी हर जगह हिन्दुस्तान में मैंने देखा है 50 से 70 फीसद जो लोग हैं, ऑडियंस है, सब यंग हैं, कॉलेज के, स्कूल के सब यंग हैं, 18 से 25 साल के अंदर हैं। ऐसे लोग आते रहेंगे तो मैं तो यह नहीं सोचता कि शास्त्रीय संगीत नहीं चलेगा बल्कि अब तो मेरा विश्वास है कि अब तो शास्त्रीय संगीत का ज़्यादा प्रचार है। अब तो पहले से ज़्यादा ऑडियंस है शास्त्रीय संगीत सुनने के लिए। वह इसलिए भी हो गई है क्योंकि यंग लोग आ रहे हैं और यंग लोग यंग आर्टिस्ट को देखकर उनसे अपने आपको 'आइडेंटिफाई' करते हैं। वो आकर सुनते हैं तो उनको बहुत अच्छा लगता है कि हमारी तरह एक यंग आर्टिस्ट स्टेज पर है और उसका इतना अच्छा नाम हो रहा है और वह बजा रहा है। आजकल आर्टिस्ट बजाते हैं, ठीक तरह से बजाते हैं। स्टेज ऐसा पैदा हो गया है, इसने भी म्यूज़िक को पॉपुलराइज किया है।

म्यूज़िक को पॉपुलराइज करने के लिए रेडिया का, टी.वी. का क्या रोल हो सकता है?

रेडियो और टी.वी. अपने हवाई तरीकों से हैं, बड़ी कोशिश कर रहे हैं कि शास्त्रीय संगीत चले। शास्त्रीय संगीत रेडियो पर होते हैं, फिल्मी प्रोग्राम होते हैं। एच.एम.वी. ने भी बड़ा काम किया। पालीडोस रिकार्ड ने फोटो देना शुरू कर दिया। यह तो शंकर घोष जी, अली अकबर खां साहब इन सबकी वजह से हुआ है कि हर चीज़ में शास्त्रीय संगीत में उन्नति हो रही है। ऑडियंस भी बढ़ रहा है, ऑर्टिस्टों को पैसे भी ज्यादा मिलने लग गये हैं। उनके कुछ रहने–सहने का तरीका भी ठीक हो गया है।

ऑर्टिस्टों को पैसे मिलने लग गये हैं, ठीक बात है किन्तु, नये ऑर्टिस्टों को खपाने की जगह वहां मिलेगी क्या?

मैं तो यह कह रहा हूँ कि जगह सबके लिए है। ट्यूशन कर सकते हैं, सिखा सकते हैं, कहीं न कहीं कोई बुलाएगा ही तो कलाकार का काम

तो चलेगा ही। फिर यह भी खपेंगे वहाँ? कुछ तो कलाकार बनेंगे कुछ सुनकर बनेंगे। यह बात बहुत ज्यादा जरूरी है कि जो सुनकर पैदा होंगे वो अच्छे कलाकार भी बन सकते हैं।

समीक्षकों के बारे में आपसे दिन में चर्चा हुई थी। समीक्षाएं अखबारों में होती हैं, उनके बारे में आप की क्या राय है?

प्रोग्राम का जो रिव्यू करते हैं, वे भूल गये कि जिनका रिव्यू करने गये हैं वे उस्ताद अली अकबर खां साहब या पं० किशन महाराज हैं। वे रिव्यू करने वाले उनको भूल गये कि उन्होंने अपनी मेहनत से, रियाज़ से नाम कमाया है। अब रिव्यू करने वाले ने कह दिया कि अली अकबर खां साहब ने फलां राग बजाया। उसमें यह यह विस्तार हुए। षड्ज ठीक नहीं लगा, पंचम कुछ चढ़ी बोल रही थी और यह सब लिखने के बाद यह लिख दिया कि और फलां तबले पर संगत कर रहे थे। पं० किशन महाराज की संगत कैसी रही? क्या बजाया? कैसे बजाया? अच्छा–बुरा कुछ तो लिखो? क्रिटिसाइज़ करने गये हो तो कुछ ठीक से तो लिखो। प्रोग्राम में 40 परसेंट तो तबला इम्पॉरटेंट होता है तो लिखो। कितना बड़ा ऑर्टिस्ट बजा रहा है तो यह बताओ। यह होना चाहिए। आप चाहे बुरा भी लिखें लेकिन लिखें। उस ऑर्टिस्ट को इतना स्थान अवश्य दें, जितना वह डिज़र्व करता है। उस्ताद अल्लारखा खां साहब बजा रहे हैं। अपने पेपर में एक लाइन लिख दी। यह सम्मान की बात नहीं है।

आपके हजारों प्रशंसक और श्रोता हैं जो कलाकार की 'इनर लाइफ' के बारे में भी जानने को उत्सुक रहते हैं... तो बताइये क्या आपने शादी कर ली ?

जी हाँ साहब, शादी कर ली। शादी को हो गये हैं कोई पौने दो साल।

पत्नी कलाकार है क्या?

वो भी घूमती–फिरती है मेरे साथ। हर दूसरी तीसरी जगह साथ में ले जाते हैं। परिवार की जिम्मेदारियों को निभाते हैं।

अच्छा ये बताइये आपके निजी शौक क्या हैं ?

ज्यादा से ज्यादा ऑर्टिस्टों से मिलना, प्रोग्राम में बजाना, प्रोग्राम सुनना और अपने बुजुर्गों से सीखना, यही शौक हैं।

खाने में क्या हैं ?

दुनिया में घूमने से हर किस्म का शौक बन गया है फिर जो मिल जाता है, खा लेते हैं।

फिर भी आपको कौन सा भोजन पसंद है ?

यही हिन्दुस्तानी खाना। इसमें इतना मज़ा आता है कि क्या कहूँ।

अच्छा यह बताइये, आप अपने समकालीन किस कलाकार को श्रेष्ठ मानते हैं?

मैं क्या कहूँ। अभी तो हम इस काबिल नहीं हुए हैं कि इस बारे में कुछ बात कहें। अब यही है कि सुनूं और सीखूं। अभी तो मैं खुद ही सीख रहा हूँ।

स्वप्न सुंदरी

स्वप्न सुंदरी : मोहक नृत्यांगना

स्वप्न सुन्दरी चोटी की ऐसी नृत्यांगना हैं, जिन्होंने अब तक देश में एक हजार से अधिक नृत्य कार्यक्रम प्रस्तुत किये हैं और जो अपनी मौलिक प्रस्तुति के लिए विख्यात हैं। तीन दक्षिण भारतीय नृत्य-शैलियों भरत नाट्यम, कुचिपुड़ी और मोहिनी अट्टम में दक्ष यह नृत्यांगना अपने प्रत्येक नृत्य कार्यक्रम में कोई न कोई नयी चीज दर्शकों के समक्ष प्रस्तुत करती हैं और यह इनकी विशेषता है।

२४ दिसम्बर को कमानी आडिटोरियम में आंध्र प्रदेश की शास्त्रीय नृत्य शैली कुचिपुड़ी में वह कालीनटनम, वाचिकाभिनय, जावली, मधुराष्टकम और सूरदास के पद पर भाव प्रस्तुत करेंगी। कालीनटनम विख्यात तमिल कवि सुब्रमण्यम भारती की रचना पर आधारित नृत्य रचना है, जिसमें रौद्र और तांडव रस प्रमुख है। एक प्राचीन परम्परा है, जिस में नृत्यांगना स्वयं गाती हैं और नृत्य करती हैं। इसे वाचिकाभिनय कहते हैं। आज बहुत कम नृत्यांगनाएं हैं, जो स्वयं गाते हुए नृत्य करती हैं।

स्वप्न सुन्दरी ने कुचिपुड़ी नृत्य की शिक्षा नृत्याचार्य श्री पसुमार्थी सीतारामैया से और गायन की शिक्षा श्रीमती एस. मुक्ता से ली है। कम आयु में ही चोटी की नृत्यांगनाओं में अपना स्थान बना लेने वाली इस नृत्यांगना का मानना है—"कुचिपुड़ी को न तो लोकनृत्य कह सकते हैं, न भरतनाट्यम का कोई रूप। यह अपने आप में एक नृत्य शैली है, जिसका इतिहास नया है।"

बातचीत के दौरान उन्होंने कहा—"अभी यह नृत्य शैली सृजन के दौर से गुजर रही है, जिसमें नृत्यकार और नृत्यांगनाएं अपनी सूझ-बूझ से कई पक्ष जोड़ रहे हैं। आने वाले वर्षों में ही यह कहा जा सकेगा कि इस नृत्य शैली का कौन सा रूप परिष्कृत और सर्वमान्य है।"

भावों को विस्तार देने वाली बड़ी-बड़ी आंखें, आकर्षक देह यष्टि और नृत्य में विद्युत की संचरी गति—यही है वह रूप, जो दर्शक को मोह लेता है। और स्वप्न सुन्दरी को यह सब कुछ मिला है उनकी कठोर साधना से। नृत्य को वह आनंद की ऐसी रचना मानती हैं, जो शाश्वत है।

—ब्रजेन्द्र रेही

स्वप्न सुंदरीः मोहक नृत्यांगना

(24 दिसंबर, 1982)

स्वप्न सुंदरी चोटी की ऐसी नृत्यांगना हैं, जिन्होंने अब तक देश में एक हजार से अधिक नृत्य कार्यक्रम प्रस्तुत किए हैं और जो अपनी मौलिक प्रस्तुति के लिए विख्यात हैं। तीन दक्षिण भारतीय नृत्य–शैलियों भरत नाट्यम, कुचिपुड़ी और मोहिनी अट्टम में दक्ष यह नृत्यांगना अपने प्रत्येक नृत्य कार्यक्रम में कोई न कोई नई चीज दर्शकों के समक्ष प्रस्तुत करती हैं और यह इनकी विशेषता है।

24 दिसम्बर को कमानी ऑडिटोरियम में आंध्र प्रदेश की शास्त्रीय नृत्य–शैली कुचिपुड़ी में वह कालीनटनम, वाचिकाभिनय, जावली, मधुराष्टकम् और सूरदास के पद पर भाव प्रस्तुत करेंगी।

कालीनटनम विख्यात तमिल कवि सुब्रमण्यम भारती की रचना पर आधारित नृत्य रचना है, जिसमें रौद्र और तांडव रस प्रमुख है। यह एक प्राचीन परम्परा है और नृत्य करती है। इसे वाचिकाभिनय कहते हैं। आज बहुत कम नृत्यांगनाएं हैं, जो स्वयं गाते हुए नृत्य करती हैं।

स्वप्न सुंदरी ने कुचिपुड़ी नृत्य की शिक्षा नृत्याचार्य श्री पसुमार्थी सीतारामैया से और गायन की शिक्षा श्रीमती एस. मुक्ता से ली है।

कम आयु में ही चोटी की नृत्यांगनाओं में अपना स्थान बना लेने वाली इस नृत्यांगना का मानना है–"कुचिपुड़ी को न तो लोकनृत्य कह सकते हैं, न भरतनाट्यम का कोई रूप। यह अपने आप में एक नृत्य शैली है, जिसका इतिहास नया है।"

बातचीत के दौरान उन्होंने कहा–"अभी यह नृत्य शैली सृजन के दौर से गुजर रही है, जिसमें नृत्यकार और नृत्यांगनाएं अपनी सूझ–बूझ से कई पक्ष जोड़ रहे हैं। आने वाले वर्षों में ही यह कहा जा सकेगा कि इस नृत्य शैली का कौन सा रूप परिष्कृत और सर्वमान्य है।"

भावों को विस्तार देने वाली बड़ी–बड़ी आंखें, आकर्षक देह यष्टि और नृत्य में विद्युत की संवरी गति–यही है वह रूप, जो दर्शक को मोह लेता है। और स्वप्न सुंदरी को यह सब कुछ मिला है उनकी कठोर साधना से। नृत्य को वह आनंद की ऐसी रचना मानती हैं, जो शाश्वत है।

अब दिवंगत

असगरी बाई

'खाने-पीने की चीज जैसा हो गया है गाना-बजाना

प्रख्यात गायिका **असगरी बाई** से ब्रजेंद्र रेही की मुलाकात 3-10-84

'**न** रियाज है, न समर्पण है। गाने-बजाने के स्कूल तो खुल गए हैं, लोग सीख भी रहे हैं और सिखा भी रहे हैं। पर खाने-पीने की चीजों की तरह गाना-बजाना तैयार किया जा रहा है। इससे बुरी बात और क्या हो सकती है, शास्त्रीय संगीत के लिए।'

ये दो-टूक बातें कही हैं सुप्रसिद्ध और वयोवृद्ध ध्रुपद गायिका **श्रीमती असगरी बाई** (७० वर्ष) ने। वे आजादी से पहले मध्यप्रदेश की टीकमगढ़ रियासत में दरबारी गायिका थीं। इसी वर्ष फरवरी में भोपाल के 'भारत भवन' में उनका सम्मान किया गया। बिजावर जिला छतरपुर की रहने वाली असगरी बाई की संगीत शिक्षा आठ साल की उम्र से शुरू हुई थी। उनके गुरू थे गोहर के उस्ताद जहूर खां।

पिछले दिनों वे 'महिला संगीतकारों' के सम्मेलन में भाग लेने दिल्ली आईं। बोलीं, 'शास्त्रीय संगीत में स्वर ईश्वर है। स्वर की साधना ही भक्ति है। मात्रा प्राण तत्व है। लय लौ है।'

अपनी गायकी से श्रोताओं को मुग्ध कर देने वाली इस वयोवृद्ध गायिका को नए कलाकारों से ढेरों शिकायतें हैं। 'न ताल का ज्ञान है न मात्रा का। दो-तीन वर्ष गाना क्या सीखा, सब गायक बन गए। लगता है, जैसे संगीत के उपवन में कोई पागल हाथी घुस आया हो।'

'क्या आज नौजवानों में प्रतिभावान गायक-गायिका हैं ही नहं ?'

☐ यह बात नहीं है। कुछ लोग हैं, जिनसे उम्मीद हो सकती है। पर जब तक स्वर की साधना नहीं होगी, ताल-मात्रा का ज्ञान नहीं होगा, तब तक क्या हो सकता है ? इस काम के लिए समय भी देना होता है, पसीना भी बहाना पड़ता है।

'आपको गाने का शौक कैसे हुआ ? किसी ने आपको इसके लिए प्रेरित किया ?'

☐ हमारे परिवार में गाने वाली महिलाएं थीं। वे टीकमगढ़ राजदरबार में गाती थीं। एक दिन नरेश महाराजा वीरसिंहजुदेव ने दरबार में कहा कि हम बाहर से गाने-बजाने वाले बुलाते हैं तो हमारे यहां का भी 'गजासाही' सिक्का तैयार होना चाहिए। उन दिनों इस नाम का चांदी का एक वजनदार सिक्का चलता था, जो बहुत कीमती था। तो मुझे बुलाया गया। मैं आठ साल की थी। मुझे उस्ताद ज़हूर खां को सौंप दिया गया। उनके कोई बेटा था नहीं, सो उन्होंने मुझे सिखाना शुरू कर दिया।

'कुछ अपने गुरु के बारे में बताएंगी ?

☐ मेरे गुरु उस्ताद ज़हूर खां साहब का देहांत ३० वर्ष पहले हो गया था। वे फकीर आदमी थे। गुस्सा बहुत आता था। शिष्यों को खूब मारते थे, लेकिन प्यार भी करते थे, जिन दिनों मुझे उनके यहां गाना सीखने के लिए रखा गया, उस्ताद के पास ६०-७० शिष्य गाना सीखने आते थे। मार के कारण धीरे-धीरे सब भाग गए। मैं भागकर जा भी कहां सकती थी। ताल, मात्रा और लय पर गुरू जी की पकड़ अद्‌भुत थी। मैं इस बात से आज भी दुखी हूं कि गुरू ने मुझे कभी 'बेटा' नहीं कहा। उनकी मैंने मार बहुत सही। असगरी बाई की सभी अंगुलियों, बाएं कान और घुटनों पर आज भी चोट के निशान उस समय की कठोर-साधना के मुंह बोलते प्रमाण हैं।

'सात-आठ वर्ष में उन्होंने मुझे ऐसा तैयार कर दिया कि महाराजा साहब खुश हो गए। वे गुणी कलाकार थे। खुद ध्रुपद धमार-गाते थे। कलाकारों की परवरिश के लिए उन्होंने 'निशासखाना' बना रखा था। उसमें पंद्रह सौ से दो हजार लोग थे। मेरी ड्यूटी 'राधा माधव मंदिर में गाने के लिए लगाई गई। बरसों तक मैं वहां दो-तीन घंटे दर्शन के दौरान ध्रुपद-धमार और भजन गाती रही। हमें हमें किसी भी प्रकार की चिंता नहीं थी।

'आप उन दिनों रिजाज़ कितनी देर और किस समय करती थीं ?'

☐ *कुछ पूछिए मत। उन दिनों की बातें ही निराली हैं। आज की तरह से क्लासें से नहीं लगती थीं। दिन-रात रियाज़ चलता था। उस्ताद के शासन में रहना पड़ता। जैसा वे कहते, वैसा करते। कभी-कभी तो रात के तीन बज जाते फिर दो घंटे सोए नहीं कि पांच बजे से वही काम शुरू। रियाज़ करते-करते कभी झप[illegible] आ जाती थी तो ऐसा चांटा पड़ता कि लगता आंखों की [illegible] गायब हो गई है। आज मुझे इस बात का संतोष है कि मेरे गुरु ने मुझे सिखाने में कोई कसर नहीं छोड़ी। उनके पास जो था, वह उन्होंने मुझे दिया। इतने कड़े अनुशासन में रही, तभी कुछ सीख पाई।*

'क्या आपने अपनी रियासत के अलावा किसी दूसरे राजदरबार में भी गाया ?'

☐ मैं तो टीकमगढ़ की राजगायिका रही, इसलिए बिना महाराजा की आज्ञा के कहीं जाने का सवाल ही नहीं उठता। जब जब महाराजा अपने साथ ले जाते तो जाना पड़ता था। मुझे याद है कोई पचास बरस पहले गिद्दौर गई थी। राघवगढ़ के महाराजा की शादी में सब्बलगढ़ भी गई थी वहां मेरा गायन खूब जमा। बड़ी इज्जत हुई उस दरबार में। वह संगीत की महफिल आज भी मुझे याद है। उसमें रसुलन बाई और शहजादी जैसी अपने जमाने की नामी गायिकाओं ने भी गाया था।

'आप ने अपनेसमय के किन-किन वादकों के साथ गया है ?'

☐ मैंने नाथद्वारा के मशहूर पखावजी पुरुषोत्तम जी, गोपालदास जी के अलावा वृंदावन, मथुरा के सिद्धहस्त पखावज बजाने वालों, के साथ गया है। ऐसे बुजुर्ग संगीतकारों की मैं इज्जत ही कर सकती हूं।

‘खाने–पीने की चीज जैसा हो गया है गाना–बजाना’

(3 अक्टूबर, 1984)

“न रियाज़ है, न समर्पण है। गाने बजाने के स्कूल खुल गए हैं, लोग सीख भी रहे हैं और सिखा भी रहे हैं पर खाने–पीने की चीजों की तरह गाना–बजाना तैयार किया जा रहा है। इससे बुरी बात और क्या हो सकती है शास्त्रीय संगीत के लिए?”

ये दो टूक बातें कहीं सुप्रसिद्ध और वयोवृद्ध ध्रुपद गायिका श्रीमती असगरी बाई ने। वे आज़ादी से पहले मध्यप्रदेश की टीकमगढ़ रियासत में दरबारी गायिका थीं। इसी वर्ष फरवरी में भोपाल के ‘भारत भवन’ में उनका सम्मान किया गया। बिजावर, जिला छतरपुर की रहने वाली असगरी बाई की संगीत शिक्षा आठ साल की उम्र से ही शुरू हो गई थी। उनके गुरू थे गोहर के उस्ताद जहूर खां।

पिछले दिनों 70 वर्षीय असगरी बाई महिला संगीतकारों के सम्मेलन में भाग लेने दिल्ली आईं। बोलीं– “शास्त्रीय संगीत के स्वर ईश्वरीय हैं। स्वर की साधना ही भक्ति है। मात्रा प्राण तत्व है, लय लौ है।”

अपनी गायकी से श्रोताओं को मंत्र–मुग्ध कर देने वाली इस वयोवृद्ध गायिका को नए कलाकारों से ढेरों शिकायतें हैं– ''न ताल का ज्ञान है, न मात्रा का। दो–तीन वर्ष गाना क्या सीखा, सब गायक बन गए। लगता है जैसे संगीत के उपवन में कोई पागल हाथी घुस आया हो।''

क्या आज नौजवानों में प्रतिभावान गायक–गायिका हैं ही नहीं?

यह बात नहीं है। कुछ लोग हैं जिनसे उम्मीद हो सकती है। पर जब तक स्वर की साधना नहीं होगी, ताल–मात्रा का ज्ञान नहीं होगा, तब तक क्या हो सकता है ? इसके लिए समय देना होता है, पसीना भी बहाना पड़ता है।

आपको गाने का शौक कैसे हुआ? किसी ने आपको इसके लिए प्रेरित किया?

हमारे परिवार में गाने वाली अनेक महिलाएं थीं। वे टीकमगढ़ राज दरबार में गाती थीं। एक दिन नरेश महाराजा वीर सिंहदेवजु ने दरबार में कहा कि हम बाहर से गाने बजाने वाले बुलाते हैं। हमारे यहां का भी 'गजासाही' सिक्का तैयार होना चाहिए। उन दिनों इस नाम का चांदी का वजनदार सिक्का चलता था जो बहुत कीमती था। तो मुझे बुलाया गया। मैं आठ साल की थी। मुझे उस्ताद जहूर खां को सौंप दिया गया। उनके कोई बेटा था नहीं, सो उन्होंने अपने बच्चे की तरह मुझे सिखाना शुरू कर दिया।

क्या आप अपने गुरू के व्यक्तित्व पर प्रकाश डालेंगी?

मेरे गुरू उस्ताद जहूर खां साहब का देहांत 30 वर्ष पहले हो गया था। वे फकीर आदमी थे। गुस्सा बहुत आता था। शिष्यों को खूब मारते थे और प्यार भी करते थे। जिन दिनों मुझे उनके यहां गाना सीखने के लिए रखा गया, उस्ताद के पास 60–70 शिष्य गाना सीखने आते थे। मार–पिटाई के कारण धीरे–धीरे सब भाग गए। मैं भागकर कहीं जा भी नहीं सकती थी? ताल, मात्रा और लय पर गुरूजी की पकड़ अद्भुत थी। मैं इस बात से आज भी दुःखी हूं कि गुरू ने मुझे कभी 'बेटा' नहीं कहा। उनकी मैंने मार बहुत सही। (असगरी बाई की सभी अंगुलियों, बाएं कान और घुटनों पर आज भी चोट के निशान हैं जो उस समय की कठोर साधना के मुंह बोलते प्रमाण हैं।)

सात–आठ वर्ष में उन्होंने मुझे ऐसा तैयार कर दिया कि महाराजा साहब खुश हो गए। वे गुणी कलाकार थे। खुद ध्रुपद धमार गाते थे।

कलाकारों की परवरिश के लिए उन्होंने 'निशातखाना' बना रखा था। उसमें पंद्रह सौ से दो हजार लोग थे। मेरी ड्यूटी राधा माधव मंदिर में गाने के लिए लगाई गई। बरसों तक मैं वहां दो तीन घंटे दर्शन के दौरान ध्रुपद धमार और भजन गाती रही। हमें किसी भी प्रकार की चिंता नहीं थी।

आप उन दिनों रियाज़ कितनी देर और कब करती थीं?

कुछ पूछिए मत। उन दिनों की बातें ही निराली थीं। आज की तरह से क्लासें नहीं लगती थीं। दिन–रात रियाज़ चलता था। उस्ताद के शासन में रहना पड़ता था। जैसा वे कहते, वैसा करते। कभी–कभी तो रात के तीन बज जाते। फिर दो घंटे सोए नहीं कि पांच बजे से वही काम शुरू। रियाज़ करते–करते कभी झपकी आ जाती थी तो ऐसा चांटा पड़ता कि लगता आंखों की रोशनी गायब हो गई है। आज मुझे इस बात का संतोष है कि मेरे गुरू ने मुझे सिखाने में कोई कसर नहीं छोड़ी। उनके पास जो था, वह उन्होंने मुझे दिया। इतने कड़े अनुशासन में रही, तभी कुछ सीख पाई।

क्या आपने अपनी रियासत के अलावा किसी दूसरे राज दरबार में भी गाया?

मैं तो टीकमगढ़ की राज गायिका रही, इसलिए महाराजा की आज्ञा के बिना कहीं जाने का सवाल ही नहीं उठता। जब–जब महाराजा अपने साथ ले जाते तो जाना पड़ता था। मुझे याद है कोई पचास बरस पहले मैं गिद्दोर गई थी। राघवगढ़ के महाराजा की शादी में सबलगढ़ भी गई थी। वहां मेरा गायन खूब जमा। बड़ी इज्ज़त हुई उस दरबार में। वह संगीत की महफिल आज भी मुझे याद है। उसमें रसूलन बाई और शहजादी जैसी अपने ज़माने की नामी गायिकाओं ने भी गाया था।

आपने अपने समय के किन–किन वादकों के साथ गाया?

मैंने नाथद्वारा के मशहूर पखावजी पुरुषोत्तम जी, गोपालदास जी के अलावा वृंदावन मथुरा के सिद्धहस्त पखावज बजाने वालों के साथ गाया है। ऐसे बुजुर्ग संगतिकारों की मैं इज्ज़त ही कर सकती हूं।

▼ ▼ ▼

18 मई 1980

कल डाकू: आज कलाकार

▫ व्रजेंद्र रेही

कर्णाराम भील

कल डाकू, आज कलाकार

(मई, 1980)

कर्णाराम भील अपनी लम्बी मूछों और लोकवाद्य नड़ बजाने के कारण देश ही नहीं, विदेशों में भी मशहूर है। एक मुलाकात के दौरान मैंने पूछा– आप डाकू कैसे बने? ''मौज में आकर डाकू बना। सात–आठ बरस तक डाके डाले। मन ऊबा तो वापस घर लौट आया और डाकू से कलाकार बन गया।'' मनमौजी कर्णा ने मूंछ बढ़ानी शुरू की तो बढ़ाता ही चला गया। इसकी इसी मौज को देखते हुए आत्मसमर्पण के बाद नई दिल्ली जेल के अधीक्षक ने उसे मूंछ बढ़ाने की इजाजत दे दी।

जेल में रहने के दौरान उसने नड़ बजाने में महारत हासिल की। नड़ एक प्रकार का राजस्थान का लोक वाद्य है, जिसे रेगिस्तानी इलाके के लोग बजाते हैं। जेल से बाहर आने के बाद उसने नड़ बजाना और अपनी मूंछों का प्रदर्शन शुरू कर दिया। ऊंट पर बैठे कर्णाराम को लम्बी मूंछों के साथ नड़ बजाते देखने वाले विदेशियों का उसके पास तांता लगने लगा। दूर–दूर तक फैली रेत, रेत में विचरण करते 'यायावर'। बस कोई साथी है तो वह है नड़।

सिर पर सफेद साफा और उसमें पीतल के शिव–पार्वती। मोरपंखा लगा हुआ कमीज और धोती। कमीज पर ऊंट पर बैठने की पोशाक 'कमर पेटी' कसी हुई। पैरों में पगरखी (जूतियाँ) और मुंह में लगी नड़। इस वाद्ययंत्र को बजाने वाले इक्के–दुक्के कलाकारों में एक कर्णाराम भील ने जयपुर में एक मुलाकात के दौरान कुख्यात डाकू से लेकर विख्यात लोकगायक बनने की यात्रा सुनाई :

डाकू जीवन छोड़ने के बाद आपको कैसा लगता है?

पैसा कम मिलता है। कई बार लोग कहते कुछ हैं और देते कुछ हैं। मुझे हर समय जान का खतरा है, सरकार से कोई हथियार मिलना चाहिए।

आपके मन में डाकू बनने का विचार कैसे आया?

जब मेरा तीसरा लड़का तीन माह का हुआ तब दिल में विचार आया कि डकैत बन जाऊं। दो–तीन महीने तक मेरी औरत ने बहुतेरा समझाया कि ऐसा मत करो, पर मैंने मन में डाकू बनने की ठान ली थी, सो डाकू बन गया। अब तो इस बात को कोई बीस बरस बीत चुके हैं। सात–आठ वर्ष तक 'डाकू' की जिंदगी जीने के बाद मेरे और मेरे साथियों ने आत्मसमर्पण कर दिया।

पहली डकैती कहां डाली?

पाकिस्तान के मीठी गांव में। पाकिस्तान में डाका डालने के बाद हम हिन्दुस्तान में आ जाते थे। घर में (अपने देश में) हमने कभी डकैती नहीं डाली। इसलिए नहीं डाली कि लड़का ताकतवर हो तो क्या अपना ही घर लूटेगा?

डकैती के दौरान क्या आपने महिलाओं को भी लूटा?

मर्द की जात हैं हम। किसी औरत को हाथ नहीं लगाया। भले ही उसके शरीर पर कितना ही सोना क्यों न लदा हो लेकिन संदूक में रखा पाव भर माल भी कभी नहीं छोड़ा।

आपने डकैती क्यों छोड़ी?

औरत का दिल दुख जाने के कारण डकैती छोड़ दी। कभी तीन–तीन महीने में, तो कभी छह–छह महीने में घर आते थे। फिर देखा, जान का खतरा है। कहीं औरत बेवा हो गयी तो। सात–आठ साल हो गए थे डाकू का जीवन जीते–जीते। मेरे छह लड़के और एक लड़की पैदा हो चुकी थी। इसी बीच सरकार ने कहा कि डकैती छोड़ दो तो हमने अपने साथियों के साथ आत्मसमर्पण कर दिया।

डकैती छोड़ने के बाद जीवन कैसा बीत रहा है?

डकैती छोड़ी तो हमने सरकार से ज़मीन मांगी। तीस बीघा ज़मीन मिली। खेती शुरू कर दी पर वहां गांव के कुछ लोगों ने खेती नहीं करने दी। मैंने कहा–भाई, मुझे मेरे बच्चे पालने दो, तुम अपने बच्चे पालो। पर उन्होंने मुझ पर हमला किया। अपनी जान बचाने की कोशिश में मुझ से भी गोली चल गयी और उनके एक आदमी की मौत हो गयी। फिलहाल मैं जमानत पर छूटा हुआ हूं, केस चल रहा है। अब तो पुराने दिन याद आते हैं। कभी–कभी बुरा लगता है कि पैसे नहीं मिलते।

नड़ बजाना कैसे शुरू किया?

'नड़' की धुन भा गयी तो दिल बहलाने के लिए बजाने लगा। क्या पता था कि एक दिन मन बहलाव का यह साधन मुझे लोक कलाकार बना देगा, मेरी रोजी–रोटी बन जाएगा।

मूंछ बढ़ाने का शौक कैसे पैदा हुआ?

तीस साल हो गये, अब तो ढाई–ढाई फुट की हो गईं। शौक के कारण मूंछें बढ़ाईं। लम्बी मूंछ मुझे अच्छी लगती हैं। मूंछों को लपेटने के बाद गोल चकरी बनाकर मैं इन्हें गालों पर रखता हूं।

नड़ की धुन कैसी होती है?

नड़ की धुन मस्त होती है। इसमें एक गहराई होती है। इसकी धुनों में एक गुरबाजा होता है, एक लसी फू होता है। एक गाणा होता है। 'लली' इसकी बहुत अच्छी धुन मानी जाती है। इसी तरह 'लहरे' की धुन होती है जिसे रात के पहले पहर में बजाते हैं। गुरफू भी एक धुन है।

कमला चटर्जी 'शबनम'

यह पत्थरों का ज़माना है...

(1980)

श्रीमती कमला चटर्जी 'शबनम' से मेरी मुलाकात नई दिल्ली के भगवान दास रोड पर स्थित कथक केन्द्र में हुई थी। संभवतः वह 16 सितम्बर 1980 का दिन था और वह अपने पुत्र अन्नू (अनिल) कपूर से मिलने के लिए नेशनल स्कूल ऑफ ड्रामा (एन.एस.डी) में आई हुई थीं। अन्नू एन.एस.डी में प्रशिक्षण ले रहे हैं। कथक केन्द्र के गर्ल्स हॉस्टल में उनसे मेरी बातचीत हुई।

शबनम जी झालावाड़ (राजस्थान) में आदर्श मिडिल स्कूल में उर्दू की अध्यापिका हैं। उर्दू शायरी और कहानियों से उन्हें बहुत लगाव है। उनकी अनेक कहानियां प्रकाशित हुईं और कई मुशायरों और गोष्ठियों में उन्होंने भाग लिया।

कहानियां लिखना उन्होंने बहुत पहले ही शुरू कर दिया था। सन् 1972 में हिंदी की प्रसिद्ध पत्रिका 'सारिका' में उनकी कहानी 'कब्र ख़ुदा' प्रकाशित हुई, जिसकी कथा जगत में बहुत चर्चा हुई। बाद में पटना से निकलने वाले उर्दू मासिक 'जेवर' में भी उनकी तीन कहानियां छपीं– 'खारे पानी की नदी', 'सती' और 'छलना'।

शबनम जी ने कई मुशायरों में भाग लिया और देश के अनेक इलाकों का दौरा किया जिसमें बनारस, कानपुर, लखनऊ, कलकत्ता, बुरहानपुर, मुम्बई, अमलनेर आदि हैं। सन् 1964 से शबनम जी मुशायरों में भाग ले रही हैं। इन्होंने जिन नामी–गिरामी शायरों के साथ महफिलों और मुशायरों में शिरकत की है, उनमें मजरूह सुल्तानपुरी, साहिर लुधियानवी, कुमार बाराबंकवी, बेकल उत्साही और बशीर बद्र आदि प्रमुख हैं।

इनका कहना है कि इन्हें शायरी की बारीकियां जनाब ख़ैबर साहब से सीखने को मिलीं, जो मध्यप्रदेश के शिवपुरी में रहते हैं। यह वह ज़माना था जब लड़की पैदा हुई नहीं कि उसे मार दिया जाता था।

9 जून 1980 को शबनम जी ने 40वें साल में प्रवेश किया है। एक सवाल के जवाब में उन्होंने कहा– ''उर्दू शायरी के तौर–तरीके बदल रहे हैं, जैसे हर चीज़ बदल रही है। मुझे लगता है कि बदलाव समय की जरूरत है।'' फिर बोलीं– ''उर्दू शायरी का रंग बदल गया। आज जुल्फ, रुख़्सार, जुदा होना, मिलना आदि तक ही उर्दू शायरी सीमित नहीं है। इंसान जिन हालातों में जी रहा है, उर्दू शायरी उसकी भी बात करती है।...'' क्योंकि जब आप आसपास देखते हैं तो कलम खुद–ब–खुद उन हालातों को बयां करने लगती है।''

कहने लगीं, ''मैं स्वभाव से संकोची हूँ। जब तक कोई खुद मुझे दावत नहीं देता, तब तक मैं किसी के दरवाज़े पर पानी मांगना भी ठीक नहीं समझती।''

लिखने के लिए कैसे माहौल को पसंद करती हैं?

इस सवाल के जवाब में उन्होंने कहा– ''माहौल की बात नहीं है, जब तक मैं अंदर से भीग नहीं जाती, तकलीफ में नहीं होती या किसी दूसरे की पीड़ा से आहत नहीं होती हूँ, तब तक मैं लिख नहीं पाती। मैं दिल से लिखती हूँ, दिमाग मेरा भले ही कुछ और सोचता हो, लेकिन जब दिल झनझनाता है तो कलम उठ ही जाती है।''

शान–ए–नजूल कहते हैं कि शायर को कुछ मेहनत नहीं करनी पड़ती है, वह तो खुद–ब–खुद बोलने लगता है। मुझे भी नहीं पता कि कब विचार आया, कैसे आया और जो कहा वो शेर कैसे बन गया। बाद में मैं उसे तराशती रहती हूँ। जैसे एक शेर अर्ज करती हूँ–

'सवाल ये नहीं कि क्यूं वक्त ने किया तन्हा,
सवाल ये है कि तुम पर ये बात क्यों आई'।

तो जब मूड होता है, अंदर हलचल होती है, ऊहापोह होती है, तो काम में मन नहीं लगता और फिर जब तक शेर न कह दूं, मैं कुछ नहीं कर सकती। कभी–कभी खाना बनाते वक्त, रोटी बेलते वक्त भी अचानक लिखने लग जाती हूँ। अलबत्ता लिखने के लिए पहले से ही इन्तजाम करके रखती हूँ यानि कागज–कलम तैयार रखती हूँ, क्योंकि पता नहीं कब मूड आ जाए। फिर चाहे आटे में हाथ सने हों, लिखने लग जाती हूँ।

शेर की भी एक तासीर होती है, उसकी आमद होती है। मुझे एक वाक़या याद आ रहा है– यह उस दिन की बात है जब मैं मुम्बई की लोकल ट्रेन में अपने बड़े बेटे रंजीत कपूर के साथ कहीं जा रही थी और अचानक खयाल आया–

'उफ़ तेरे तसव्वुर ने गुल खिलाए हैं क्या–क्या
मुझे इतने रंगों के नाम तक नहीं आते'

एक खास बात यह है कि जब तक मेरा मूड रहता है, तब तक मैं शेर कहती हूं, मूड छू हुआ तो शेर भी छू हुआ। मैंने अब तक कोई हज़ार से ज़्यादा ग़ज़लें कही हैं और 200 से 300 गीत भी गाए हैं।

कहते हैं कि औरतें रुबाईयां नहीं कहतीं पर मैंने तो कही हैं। हां आपने पूछा तो कह देती हूं कि उर्दू शायरी में महिलाएं हैं, बहुत हैं, पर एक–दो को छोड़ कर सब ठीक–ठाक हैं। अलबत्ता लखनऊ की कुमारी दाराबानो 'वफ़ा' और दिल्ली की श्रीमती मसूदा हयात की शायरी काफ़ी वज़नी है।

जब मैं मुशायरों में जाती हूँ तो पता नहीं मुझे क्या हो जाता है कि बैठे–बैठे लगता है कि माइक्रोफोन पर ही न जाऊँ।

ख़ैर एक बार मर्चेन्ट चैम्बर कानपुर में मुशायरा था, वहां दो साहब थे– शमीम जयपुरी और कुमार भाई लेकिन जो साहब मुशायरा कन्डक्ट कर रहे थे, वे अपने आपको धुरंधर कहते थे। लोगों ने कहा कि शबनम का गीत सुनवा दीजिए तो वह साहब कहने लगे, लेडी हैं, थक जाएंगी, बाद में सुनवा देंगे।

जब मुशायरा खत्म होने को आया तो मैंने उनसे पूछा– कहिए हुजूर, मेरा नाम कहाँ गया ? तो वह बोले– अब बहुत देर हो गई है, आप भी थक गई होंगी।

तो मुझे यह गुटबाजी पसंद नहीं है, इससे दिल खट्टा हो जाता है। तब से मैं सेलेक्टेड मुशायरों में ही पढ़ने जाती हूँ।

कई बार ऐसा भी हुआ कि जब मैं किसी एक जगह गई तो मुझे साल में तीन–तीन, चार–चार बार बुला लिया गया। मऊ, इन्दौर, जबलपुर में ऐसा ही हुआ। सुनने वालों ने मुझे हाथों–हाथ उठा लिया। उनको मुझसे कोई शिकायत नहीं थी। कई बार भीड़ में से आवाज़ आती– शबनम दीदी से वह ग़ज़ल सुनवा दीजिए। दमोह में तो एक बार ऐसा हुआ कि मुझे 15 ग़ज़लें सुनानी पड़ी।

मैंने उनसे पूछा– तो वह कौन से शेर थे जो आपने कहे ?

तो वह बोलीं– सुनिए–
'दिया वफ़ा का जलाना है देखिए क्या हो,
ख़िलाफ़ सारा ज़माना है देखिए क्या हो।
ये ज़ब्र देखिए जिसके ख़ुलस पर शक़ है,
उसी को राज़ बताना है देखिए क्या हो।
बहार बेचने निकले हैं ख़ुद चमन वाले,
ख़िज़ां तो सिर्फ बहाना है देखिए क्या हो।
फ़रेब खाके भी कहना है बावफ़ा उनको,
किसी के नाज़ उठाना है देखिए क्या हो।
हमारे पास हैं ख़्वाबों के आईने 'शबनम',
ये पत्थरों का ज़माना है, देखिए क्या हो।

मैं दूसरी कितनी गज़लें सुना दूँ, पर मुशायरों और महफिलों में लोग मुझसे यह ग़ज़ल ज़रूर सुनते हैं। फ़िराक़ साहब को भी यह बहुत पसंद थी। मुझे याद नहीं कितनी बार सुना चुकी हूँ यह। हाँ मुझे यह ज़रूर याद है कि सबसे पहले जबलपुर में 1963 में एक मुशायरा हुआ था 'चिलमन' के नाम से, उसमें मैंने यह ग़ज़ल कही थी, तब से आज तक पढ़ती आ रही हूँ।

मैं आपको तीन आमद के शेर सुना देती हूं। सुनिए–
'तीरगी से रोशनी का फासला अपनी जगह,
इम्तेहान–ए–दीद का हर सिलसिला अपनी जगह।
मंज़िलें परछाईयों की शक्ल में ढलती गईं,
रहबर अपनी जगह और काफ़िला अपनी जगह।
यूं लगा ठहरा हुआ है, मेरी बर्बादी के बाद,
गर्दिशे दौरा का इक–इक हादसा अपनी जगह।

मैंने पूछा– आपकी पसंद की रुबाई कौन सी है ?

तो वह बोलीं, लीजिए–
चंपा की तरह रंग है तो फिर क्या होगा,
और छू ले कोई तुझको तो महकता होगा।

ए ज्वालामुखी शोला बदामा पर तो,
आईना तेरी लौ से पिघलता होगा।

रंग भरा कलसा कहीं छलका होगा,
या इंद्रधनुष टूट कर बिखरा होगा।

ये तेरा तबस्सुम है या चांदी का दिया,
मंदिर के किसी ताक पर जलता होगा।

दौलत, न अमानत, न वफ़ा मांगे है,
न हुस्न में शोले की अदा मांगे है।

माहौल की पश्ती में सिसकता लम्हा,
जीने के लिए इक फ़िज़ां मांगे है।

मैंने कहा– अब आप अपनी निजी जिंदगी से भी पर्दा उठाइए। आपके बच्चे क्या करते हैं, कैसे हैं ? अपने पति के बारे में बताइए...

वह बोलीं– मेरे पति को तो शुरू से ही थियेटर का शौक रहा है। मदनलाल कपूर उनका नाम है और वे पारसी थियेटर करते हैं। कई सालों से खानाबदोश की तरह भी थियेटर दिखाने का शौक रहा, कभी यहां, कभी वहां। बंगाल के मिदनापुर जिले के सतग्राम के वे रहने वाले हैं। उनके नाना मुर्शिदाबाद, ढाका में रहते थे। फिर बाद में वे मध्यप्रदेश के टीकमगढ़ में रहने लगे।

मेरी शादी 1942–43 में हुई। मेरे बेटे रंजीत कपूर, अन्नू (अनिल) कपूर, सीमा कपूर और निखिल कपूर हैं। रंजीत कपूर एन.एस.डी. के साथ काम करते हैं, अन्नू कपूर एन.एस.डी. में ट्रेनिंग ले रहे हैं, निखिल कपूर सबसे छोटा बेटा है। एक बेटी है सीमा, वह अलीगढ़ यूनिवर्सिटी में पढ़ रही है। सभी बच्चे दिल से कलाकार हैं। तो जिन्दगी चल रही है...

भविष्य के बारे में क्या सोचती हैं?

ज़िन्दगी गुज़र जाएगी, न मैं आगे देखती हूँ, न पीछे देखती हूँ, बस चलती रहती हूँ। यही मेरा स्वभाव है। एक आपको क़तआ सुना देती हूँ और फिर सलाम!

'छुपाए फिरते थे परछाईंयां तलक अपनी,
उन्हीं की शक्ल के चरबे उतार लाया है।
और ये टुकड़े–टुकड़े हुआ है जो एक आईना,
तमाम शहर के चेहरे उतार लाया है।'

पं० रविशंकर

बहुत हो गया, 64 साल हो गए!

(14 दिसम्बर, 1983)

आप शास्त्रीय संगीत के शिखर–पुरुष हैं। संगीत को जन–जन तक पहुंचाने में आपने अपना जीवन ही समर्पित कर दिया। अब आप कैसा महसूस करते हैं?

हमारे अनुभव में तो यह एक विचित्र समय है। एक तरह से देखा जाए तो इसे ट्रान्स पीरियड बोलते हैं। इंडियन म्यूज़िक का शौक आज जनता में पहले से बहुत बढ़ गया है और युवा पीढ़ी का ध्यान भी इस पर गया है। इतना ज़रूर है कि इस ज़माने में 'सुपर स्टारडम' का प्रॉब्लम आ गया है। प्रॉब्लम इसलिए क्योंकि ज्यादातर लोग उन्हीं को देखने–सुनने जाते हैं जिनका बहुत नाम हो चुका है। चाहे विलायत खां हों, चाहे कोई भी हो जिसका नाम ज्यादा है या जो पॉपुलर है, अधिकतर लोग उसके नाम के लिए आएंगे। ही बिकम्स मोर ऑफ द सोशल गैदरिंग स्टेटस सिंबल (वह किसी मेल मिलाप का अवसर... रुतबे का प्रतीक बन जाता है।)

दरअसल, बिल्कुल तो नहीं, लेकिन ज्यादा प्रतिशत उन्हीं लोगों का है जो केवल दिखावे के तौर पर जाते हैं। वाकई जो लोग संगीत प्रेमी हैं वो

समटाइम्स मिल हैं। काफी लोग ऐसे भी हैं जो शायद अफोर्ड नहीं कर सकते शायद इस ख्याल में रहते हैं कि हमको इन्वाइट किया जाए।

मैं संगीत को काफी प्रमोट कर रहा हूं। मैं दोनों तरफ की दिक्कतों को जानता हूँ। लेकिन मुझे हमारे देश के सिस्टम से सख़्त कोफ़्त है, दुःख है कि जब हम लोग कोई प्रोग्राम करते हैं, चाहे वाराणसी में, दिल्ली में या कहीं भी, ये अधिकारीगण उम्मीद करते हैं कि उन्हें सिर्फ इन्वाइट ही न किया जाए बल्कि एकदम सामने और सबसे अच्छी जगह बिठाया जाए।

कुछ–कुछ तो समझ आता है कि इसकी जरूरत है क्योंकि यही लोग मदद भी करते हैं। उनके प्रोत्साहन से हमारा कार्यक्रम अच्छा ही होता है। छोटे शहरों में तो यह प्रवृत्ति बहुत ही ज्यादा है। खासकर वाराणसी में तो कई सालों तक हमारा बुरा अनुभव रहा है। वहाँ जितने भी अधिकारी, मामूली क्लर्क, वाटर वर्क्स में काम करने वाले, पुलिस कान्सटेबल सभी लोग सिर्फ ब्लेम ही नहीं करते बल्कि थ्रैटन करते हैं कि हम देख लेंगे। पानी बंद कर देंगे, इलैक्ट्रिक बंद कर देंगे। ऐसे तत्व छोटे शहरों में ज्यादा हैं, बड़े शहरों में ऐसा नहीं होता। उम्मीदें इतनी बढ़ गई हैं कि बड़ा दुःख होता है। जो लोग बर्दाश्त कर सकते हैं, वे भी कुछ नहीं कर पाते। यह बड़ी अफसोस की बात है।

आपकी नज़र में कला प्रसार की दृष्टि से पास यानि मुफ्त नियंत्रण की भूमिका क्या है?

उससे क्या होता है। मान लीजिए एक बहुत बड़ा हाल है। 2500 से ज्यादा सीटें हैं। ऐसे हाल में अधिक से अधिक 100 पास अगर दिए जाएं तो ठीक है लेकिन हम लोग देखते हैं कि कभी–कभी 300 से 500 पास तक आमंत्रितों को देने पड़ते हैं और वह जबरन उम्मीद करते हैं। खबर आती है कि हमको इतने पास चाहिए। अब अगर कमानी या फिक्की जैसे एकदम छोटे हाल में प्रोग्राम किया जाए तो करीब आधा हाल तो उसमें ही चला जाता है। यह बड़े खेद का विषय है।

मैं यह मानता हूँ कि पत्रकारों को बुलाना चाहिए। इसमें दोनों तरफ से फायदा भी है। जो कलाकार प्रजेन्ट कर रहे हैं, उनके लिए फायदा है कि उनकी पब्लिसिटी होगी, दूसरे कला के लिए फायदा है कि लोगों को थोड़ा चेताना पड़ता है। लोग अच्छी प्रतिभा को गाली भी दें तो काई बात नहीं

लेकिन पता तो चलता है कि उसने क्या कुछ कहा। इसीलिए हम लोग पास भेजते हैं। लेकिन जिनको ये पास जारी किए जाते हैं उन्हें 'पास' नहीं मिलते, बीच में कोई और ले लेते हैं। हमें सुनना पड़ता है कि हमें पास नहीं मिला। उनको पास क्यों नहीं मिला, इसका कारण नहीं पता। हमने उन्हें पास भेजे, उनको नहीं मिले इसलिए वे गुस्सा हो जाते हैं। ये तो गुस्सा होने वाली बात है ही कि वाकई जिनको आना चाहिए वे नहीं आ पाए। वो ब्लेम करते हैं आर्गेनाइजर्स को कि वो 'पास' नहीं भेजते। हम लोग हमेशा देखते हैं ये प्रॉब्लम।

किसी कार्यक्रम की सफलता के लिए किस प्रकार की व्यवस्था की जानी चाहिए?

आर्गेनाइजेशन में खामियां होने की वजह से ये बातें होती हैं। आर्गेनाइजर एकदम पक्का हो, चुस्त हो। मैं तो यहां तक कहता हूं कि वह थोड़ा स्ट्रिक्ट भी हो। एक आर्गेनाइजर अगर स्ट्रिक्ट हो और एक सिस्टम बनाकर चले तो वह सफल हो सकता है। एक दृष्टान्त देता हूं। हमारे एक मित्र हैं वरुण राजन। पहले वे लंदन हाई कमीशन में थे। अब वापस आ गए हैं। बड़े ऑफिसर हैं। वे लखनऊ में जब थे उस समय उनसे मुलाकात हुई थी। वे सरकारी ऑफिसर थे। मुझे याद है कि उनका प्रिन्सिपल था कि टिकट लेकर प्रोग्राम देखना। अगर किसी प्रोग्राम का टिकट है तो वे टिकट लेने के लिए गवर्नमैन्ट को भी लिखते थे, कमिश्नर को भी लिखते थे। किसी को कोई तकलीफ हो तो हम खुद खरीदकर उन्हें भेज सकते हैं।

विदेशों में कार्यक्रमों का आयोजन किस प्रकार किया जाता है? क्या वहां भी इसी प्रकार पास वितरित किए जाते हैं?

ये सिस्टम कहीं नहीं है। वैसे प्रेस के लिए हमेशा होता है। प्रेस का कन्सिडरेशन होता है। जैसे हम कहीं परफार्मेंस करने जाते हैं तो ज्यादा से ज्यादा वो हमसे तीन या चार पास की डिमान्ड कर सकते हैं। यदि हम कहीं जाते हैं तो अपने लिए पास खरीद लेते हैं। हमारे मित्र भी चाहते हैं कि उन्हें बुलाएं तो व्यक्तिगत तौर पर हम चार, छह टिकट या जितने चाहें प्रेस के लिए खरीद लेते हैं।

क्या आप महसूस करते हैं कि शास्त्रीय कलाओं के विकास में एकेडमी, रेडियो, टेलीविजन और दूसरे सरकारी प्रचार माध्यम सही भूमिका निभा रहे हैं?

वैसे तो काफी कर रहे हैं लेकिन समझ नहीं आता कि उनकी कितनी सहायता होनी चाहिए। लेकिन कितना कर रहे हैं, हमें सही पता नहीं है, सचमुच। एक अच्छी बात देखने में आ रही है आजकल कि कुछ बिज़नेस हाउस और कुछ सिगरेट कम्पनियों ने काफी हाथ आगे बढ़ाया है, काफी मदद कर रहे हैं। ये सब परफॉर्मेंसेज़ जितने हो रहे हैं, परफॉर्मेंसिंग फेस्टिवल्स जितने हैं, हर जगह इनकी बड़ी हैल्प है। हमारे एक कार्यक्रम के लिए जे.जे. सुल्तान कम्पनी से मदद मिली, जो काफी है। आजकल जितने प्रोग्राम होते हैं, खासकर दिल्ली, बॉम्बे, कलकत्ता और हैदराबाद में कुछ बिज़नेस हाउसेज़ मदद कर रहे हैं। इससे यह होता है कि आर्टिस्ट को फीस मिल जाती है और उसे बहुत बड़ा लास या नुकसान नहीं होता है।

मैं सारी दुनिया घूमता फिरता रहता हूँ, अक्सर बाहर जाता ही रहता हूँ। फॉरेन कन्ट्रीज़ की बात अलग है क्योंकि हर चीज़ वहां अलग ढंग से होती है। सरकार की तरफ से वहां हर चीज़ में मदद मिलती है। वहां का सिस्टम अलग है, उसको हम लोग फॉलो नहीं कर पाते। हमारा एक सिस्टम है निश्चित रूप से है लेकिन ये एन्टरटेनमेन्ट के मामले में मोर लाइक टू द बैस्ट। चाहे ओपेरा हो, क्लासिकल संगीत हो कुछ भी हो उसमें लोग सरकारी मदद अच्छा नहीं समझते हैं। हम सोचते हैं कि यह सब हो भी नहीं सकता। उसका कारण यह है कि सरकार की जो मदद होती है वह सिर्फ उतनी ही होती है कि वे लोग आर्ट काउंसिल बनाएं। फॉरेन कंट्री में कोई कलाकार जा रहा है, किसी को भेजें, उसके लिए कोई खर्चा करें। कई स्टेट डिपार्टमेंट ऐसे हैं जैसे ब्रिटिश आर्ट काउंसिल, वहां हैल्प करते हैं। लेकिन उससे कहीं ज्यादा उन्होंने कोई फाइनेन्शियल हैल्प करके कोई प्रोग्राम करा रहे हैं, तो कोई आर्ट का प्रोग्राम हो ऐसा कभी नहीं होता था।

देखा जाए तो हमारी गवर्नमेन्ट काफी प्रोत्साहन देती है। संगीत, कला, नाटक अकादमी के माध्यम से ही प्रांत में अपनी एकेडमी चल रही हैं। मध्यप्रदेश में भारत भवन बहुत काम कर रहा है। यह तो सिर्फ दृष्टान्त है। अशोक वाजपेयी और वहां के मिनिस्टर अर्जुन सिंह दोनों का संयोग इतना अच्छा हो गया है कि वहां खूब काम चल रहा है। मेरे ख्याल से फैन्टेसी, म्यूज़िक, डान्स, ड्रामा, थियेटर, पेन्टिंग, पब्लिशिंग, सभी क्षेत्रों में काम जोरों पर हो रहा है।

दूरदर्शन कला के प्रचार–प्रसार में कैसे अपनी भूमिका अदा कर सकता है?

दूरदर्शन के लिए मेरा यही कहना है कि इसे बहुत ज्यादा इम्प्रूव करने की आवश्यकता है। मैं टेक्निकल आदमी तो हूं नहीं। मैं ये नहीं कहता कि एन्टरटेनमेन्ट नहीं होना चाहिए। सिनेमा से सिर्फ एन्टरटेनमेन्ट नहीं होना चाहिए। टी.वी. का खुद प्रोडक्शन होना भी चाहिए। क्योंकि गवर्नमेन्ट टेलीविजन है तो स्कोप कम हो जाता है। दूसरे मुल्कों में कमर्शियल प्राइवेट कम्पनियों के एक नहीं, तीन–तीन, चार–चार चैनल होते हैं। कुछ मुल्कों में तो 12–12 चैनल होते हैं। इसलिए उनमें कॉम्पटीशन होता है। एक से एक प्रोग्राम बनाते हैं। वो बेशुमार खर्च करते हैं क्योंकि उनको कॉमर्शियल एडवटाइजमेन्ट से अच्छा पैसा मिलता है। वहां की परिस्थितियां अलग हैं इसलिए उनके प्रोग्राम भी अच्छे होते हैं।

प्रोग्राम के नाम पर यहां फिल्में दिखाते हैं। फिल्म दिखाना भी चाहिए, उसकी भी जरूरत है क्योंकि लोग थोड़ा एन्टरटेनमेन्ट भी चाहते हैं लेकिन उसके अलावा बहुत स्कोप है–नाटक, कॉमेडी, म्यूज़िक, मेरे ख्याल से सबकी पूरी गुंजाइश है। लेकिन घूम फिर के वही बात आ जाती है, कि कोई परवाह नहीं करता क्योंकि कॉम्पटीशन नहीं है।

अब भारत में केबल के माध्यम से तकनीकी रूप से उन्नत अनेक विदेशी कार्यक्रम आने लगे हैं। देश के सरकारी प्रचार माध्यमों को तकनीकी रूप से आप कैसा महसूस करते हैं?

यहां तो ये है कि जो भी चल रहा है, वो ठीक है। वही पुरानी मशीनें पड़ी हुई हैं, वही पुराने माइक्रोफोन, वही पुरानी रिकार्डर मशीन, स्टीरियो, साउंट ट्रैक का कोई हिसाब नहीं है। जो चीज़ 20–25 साल, 30 साल पहले देखी थी वो अभी भी वहीं है। ये खेद का विषय है। हमारे ट्रांसमीटर्स इतने वीक हैं कि एक प्रोग्राम सुनते समय उसमें कितने स्टाप आते हैं, आवाज़ घटती है। जालंधर, वाराणसी, इलाहाबाद से जब हम इन्हें सुनते हैं तो उसमें पिचिंग आती है। उससे अच्छा रेडियो मास्को आता है, उससे अच्छा वायस ऑफ अमेरिका और बी.बी.सी. है।

ये बहुत ही दुःख का, खेद का विषय है कि अभी भी हमारा वही सब पुराना ढर्रा चल रहा है। बड़ा आश्चर्य होता है जबकि आज टेक्नोलॉजी इतनी

आगे बढ़ चुकी है। यह भी नहीं कि खर्च नहीं हो रहा। खर्च तो बहुत हो रहा है, लेकिन ये जो विशेष चीज़ है, टेक्निकल साइड उस पर ध्यान नहीं है। वही चीज़ मैं टी.वी. में देखता हूं। उसमें सुधार की ज़रूरत है। प्रोडक्शन का कैमरा देखकर इतना दुःख होता है, सब दरिद्र ढंग की चीज़ आती हैं।

इसके अलावा प्रोडक्शन का स्टैण्डर्ड भी इम्प्रूव होना चाहिए। कैसे होना चाहिए ये उनका काम है क्योंकि वे लोग स्पेशलिस्ट हैं। मुझे दुःख है कि खासकर टेलीविजन और रेडियो में इम्प्रूवमेंट बहुत ज़रूरी है। ऑल इण्डिया रेडियो को मैं बहुत अपना सा समझता हूं। अभी भी लोगों ने बहुत मेहरबानी किया हमारे ऊपर, मैं उनका बहुत आभारी हूं। टेक्निकल साइड में, स्टूडियो में, टेप डेस्क में सब अभी तक इतना पुराना मामला है, इसमें सुधार होना चाहिए। साउंड मशीनें लेकर अभी भी बेचारे काम कर रहे हैं, वो तो तारीफ है इंजीनियर की, सबकी। लेकिन जो सुनते हैं, ठीक नहीं है, क्योंकि सुनने में अच्छा नहीं लगता।

शास्त्रीय संगीत के क्षेत्र में नवोदित कलाकारों की क्या स्थिति है?

यह एक बड़ा गंभीर मामला है। मैं कुछ भी कहूं लोग गलत समझ सकते हैं। मेरे ख्याल से भारतीय आर्ट संगीत कहिए, क्लासिकल म्यूज़िक कहिए, जो कुछ भी आप उसको कहें, इसमें एक भेद है। भेद यह है कि आप अगर यही कहें कि नये कलाकारों को सामने लाना चाहिए तो इसका मतलब क्या है। नये कलाकारों का मतलब कि यंग एज। अच्छा बजाते हैं, अच्छा गाते हैं, ठीक है। सुर में गाते हैं, वो भी ठीक है। लेकिन हमारे ज़माने से यह चला आ रहा है कि गाने बजाने की मैच्योरिटी आने में, गहराई आने में 20–25 साल तो कम से कम लग ही जाते हैं। अब 20–25 साल लगाने का मतलब अगर कोई अगर पाँच साल से शुरू करे तो वो बात अलग है, अच्छे गुरू मिल जाएं, उस्ताद मिल जाएं। 5–6 साल से शुरू किया तो कम से कम 25 साल में एक पूर्ण कलाकार बनने के काफी चांस हैं। अगर उसमें थोड़ा टैलेन्ट हो, मेहनत हो, साधना हो, तभी बनेगा।

नए कलाकारों में प्रतिभा बहुत है और सुर में भी हैं, लेकिन मुश्किल यह है कि हमारे संगीत को सीखने में थोड़ा टाइम लगता है। ऐसे कलाकारों को एक दफा सुनकर बहुत से लोग कहते हैं वाह–वाह क्या बात है, दूसरे दफे सुनेंगे तो कहेंगे अच्छा है, तीसरे दफे शायद उतना इन्ट्रैस्ट न लें। लेकिन पुराने

लोगों को सुनिए। मल्लिकार्जुन मंसूर को जब भी आप सुनेंगे तो यही कहेंगे अच्छा गाते हैं। बिस्मिल्लाह खाँ कितने बूढ़े हो गए, फिर भी कितनी अच्छी शहनाई बजाते हैं। अली अकबर खाँ, सब जितने कलाकार हैं, सालों से फील्ड में हैं। 40 साल से गुजार रहे हैं लेकिन अभी भी उनके गाने–बजाने में जैसे और ज्यादा गहराई आ रही है। जबकि नए कलाकारों में ऐसे कई होते हैं जो वाकई पूर्णता प्राप्त नहीं करते। पहले ही उन्होंने कार्यक्रम देने शुरू कर दिए हैं।

आजकल की जो टेंडेंसी है उसके अनुसार जब भी हो सके, परफॉर्मेंस देना शुरू कर दिया। अब परफॉर्मेंस देने में कोई हर्ज नहीं है, देना चाहिए लेकिन उनमें फ्रस्ट्रेशन आ जाती है। वो सोचते हैं कि हमारी कद्र नहीं हो रही है। ये गलत बात है, क्योंकि मैं तो ये मानता हूं कि आर्ट को आप कभी भी छिपा कर नहीं रख सकते। कितना ही ढांकिए, उभर आएगी। जिसमें सचमुच प्रतिभा है, गहराई है, वो देर है मगर अंधेर नहीं, वो आएगा ही।

कला के लिए काम कर रहे माध्यमों ने इस दिशा में कुछ किया है?

टेलीविजन और रेडियो के माध्यम से कलाकारों को सामने लाने की बात कुछ अलग है। वो बात अलग है कि सामने आने के लिए उनको एक्सपोजर की ज़रूरत है। रेडियो और टेलीविजन तो अलग चीज़ हैं। उसके लिए मैं क्या बताऊँ। लेकिन फिर भी मैं कहूंगा कि थोड़ा बहुत अगर किसी कलाकार की प्रतिभा को दबा भी दिया जाए लेकिन अगर उसकी कला में सच्चाई हो तो उसे रोक नहीं सकता। वही बात है देर है मगर अंधेर नहीं है। अगर शुरू में कोई दबा दे लेकिन बाद में कोई दबा नहीं सकता।

आप अक्सर देश के बाहर रहते हैं। बल्कि कहा जाता है कि रवि शंकर जी विदेशों में रहते हैं। ऐसा क्यों?

मैं बहुत विचित्र स्थिति में पड़ गया था। मैंने संगीत शिक्षा देना शुरू किया। अपना एक मिशन कहिए, विचार कहिए कुछ भी कहिए। करते–करते बीच में एक ऐसा पीरियड आया जब एकदम अनर्थ होने वाला था। जार्ज हैरिस जब हमारा शिष्य बना, चारों तरफ एक ऐसी हलचल मच गयी, भारत के संगीत में। लेकिन वो सब सुपरफिशियल था। उसके साथ ड्रग्स, चरस उसके साथ अनाचार बहुत किस्म का एक सुपरफिशियल फैशन कहिए,

उसके सामने उसका यंग लोग बड़ा ट्रीट करने लगे। तो हम ही एक थे जो उसको उस समय संभाल सकते थे। उसके लिए मुझे दस–बारह साल और जाया करना पड़ा। नहीं करते तो हमारे बाकी लोग उसकी परवाह नहीं करते।

कहीं भी हो बजा लीजिए, जैसी भी पब्लिक हो बजा लिए। लेकिन हम तो सब जगह जाकर उस व्यक्ति से कहते थे कि तुम लोग सिगरेट न पियो, सीधे होकर बैठो। कभी–कभी हम गुस्से में उठ कर चले भी जाते थे। इसीलिए कुछ दिन हमको अमेरिका में बंधना पड़ा। फिर कनाडा में, साउथ अमेरिका में, न्यूयार्क में, आस्ट्रेलिया में, जापान में। इसमें हमारा बहुत साल चला गया। लेकिन लोग कुछ भी कहें, कोई बात नहीं। मैंने जो कुछ भी किया उसका फायदा अब लोग पा रहे हैं। और उसी का फल है कि आज आप देखिए कि हमारे अच्छे–अच्छे कलाकार चाहे ओल्ड हों, मिडल एज हों, यंग हों, सब बाहर जा रहे हैं, बजा रहे हैं, इज़्ज़त पा रहे हैं। इसके लिए मैंने जो मेहनत की उसे अपने ही मुंह से बताते में मुझे शर्म लगती है।

अब आपकी क्या योजना है?

अब वो पीरियड खत्म हो गया है, अब मैं दिल्ली में ही बसने वाला हूं। बनारस में भी मेरा घर है। वहां भी बीच–बीच में जाएंगे। लेकिन अब नए बैच ऑफ स्टूडेन्ट हैं। रेंजिंग फ्रॉम 12 टू 22–23 के हिसाब से। कुछ लड़के–लड़कियां हैं जिनको हम अभी सिखाना चाहेंगे।

यानी स्कूल खोलेंगे आप?

स्कूल नहीं, बिल्कुल नहीं। क्योंकि ये सारा भारत में ही है। उन लोगों को हम टाइम देंगे जितना भी हो सके। यहां और विदेशों में भी। ये नहीं कि 12 महीने दिल्ली में रहेंगे, लेकिन अभी हमारे आठ महीने देश में बीतेंगे, बाहर भी तो 2 से चार महीना मैक्सीमम। मुझे क्रिएटिव काम करने का बहुत शौक है, नए–नए प्रोडक्शन का नया–नया रिकार्डिंग। और अब भगवान का नाम लेना है।

आपने उदय उत्सव का आयोजन किया था। इस आयोजन के बारे में विचार कब पैदा हुआ?

बहुत साल पहले। 7–8 साल से मैं सोच रहा था लेकिन समय ठीक नहीं था। जब तक समय नहीं मिलता कोई अच्छा काम थोड़े ही कर सकते हैं।

क्या इस उत्सव के आयोजन का उद्देश्य उदयशंकर जी की साधना को नई पीढ़ी के सामने लाना था?

नहीं। प्रधान उद्देश्य था कि कलकत्ता के बंगाली समाज के अलावा हम उदयशंकर को सारे भारत में ढूंढें। नई जेनरेशन तो उदयशंकर को जानती ही नहीं है। और हमारी जितनी भी आर्ट एजेंसियां हैं, गवर्नमेंट या नॉन गवर्नमेंट, सबका बड़ा स्नोबिश एटीट्यूड है। कहते हैं कि उदयशंकर वाज़ नाट प्योर क्लासिकल। वे वेस्टर्नाइज बहुत थे। बराबर उन्होंने यही कहा। इसलिए मैंने इन सबके विपरीत प्रचार करना जरूरी समझा क्योंकि ये गलत बात है। मैं सिर्फ़ उनकी कला को नई पीढ़ी के सामने लाना चाहता था। इसी के जिम्मे यह उत्सव करना चाहता था, यह बात गलत है।

मेरे दादा (बड़े भाई) उदयशंकर जी में इतना भारतीयपन था, एक हद स्तर का। उन्होंने जो कुछ भी किया, भारत के लिए ही किया। कथकली उनकी सबसे बड़ी प्रेरणा थी। उसके बाद झुकाव हुआ, मणिपुरी फोक डांस, ये सब उनके प्रेरणास्रोत थे। अजन्ता, एलोरा, महाबलेश्वरम्, एलीफेंटा किसी भी गुफा में महीनों तक बैठकर उनकी स्टडी करते। इससे उनमें मूवमेंट आता था। वो देखते थे कि किसी मूवमेंट को कैसे करें। इसका विज़न उन्हें यही से था। वे नटराज को मानते थे। बाद में उन्होंने शंकरन लम्बोदरि को गुरू माना जो कथकली के बहुत बड़े आर्टिस्ट माने जाते हैं। उनसे उन्होंने सीखा भी। कहने का मतलब है कि उनका सारा ध्यान, ध्येय भारतीय था। फिर उससे प्रेरणा लेकर उन्होंने अपना एक अलग क्रिएटिव स्टाइल बनाया। इसमें दूसरी तरह के मूवमेंट थे जो कॉमनमैन को भी समझ आएं। चाहे वह माइथोलाजिकल (पौराणिक) सब्जेक्ट हो, कन्टमप्रेरी हो, माडर्न हो, उनकी भारतीयता इतनी गहरी थी कि क्या कहना।

यही सब हम प्रचार करना चाहते थे और उन्हें हम याद करें इसी ध्येय से हम यह उत्सव आयोजित करना चाहते थे।

उत्सव के आयोजन की तैयारी किस प्रकार की गई थी?

ऐसा हुआ कि हम सब कुछ प्लान करके यहां से एक टूर पर गए थे। हम इस टूर को कैंसिल नहीं कर सकते थे। 25 नवंबर को हम वापिस आए, आते ही बीमार पड़ गए। डीसेंटरी के कारण पांच रोज़ बिस्तर में पड़े रहे। प्लान ठीक था। विजय राघव राव हमारे दाहिने हाथ, उन्होंने इसको बहुत आगे बढ़ाया। उधर लास एंजेलिस में मेहनत कर रहे थे हमारे मित्र,

एलेन गोलोवस्की। इसके अलावा बाम्बे में रिहर्सल चल रहा था। कलकत्ता में रिहर्सल चल ही रही थी। सभी जगह हम प्लान करके चल रहे थे। अगर हमको तीन–चार हफ्तों का समय और मिल जाता तो हम इसको और अच्छा बना सकते थे। लेकिन भगवान की कृपा से दादा का आशीर्वाद था।

शुरुआत से जो कुछ हुआ, अच्छा ही हुआ। बहुत रिहर्सल करना पड़ा। लेकिन जितना हम चाहते थे, उतना नहीं कर पाए। थियेटर में हम लोगों को बहुत मदद मिली। उन्होंने हमें बहुत टाइम दिया। लेकिन फिर भी इतने बड़े कार्यक्रम के लिए कम से कम इससे चार गुणा ज्यादा टाइम चाहिए था। वो हम लोगों को नहीं मिला। कार्यक्रम बहुत बड़ा था, इतना बड़ा कि करीब चार सौ लोगों ने पार्टिसिपेट किया।

इतने बड़े कार्यक्रम को आयोजित करने के लिए आपने आर्थिक व्यवस्था कैसे की?

कार्यक्रम में खर्चा बहुत हुआ। कम से कम पाँच लाख से ऊपर का हो गया। हमारी जेब से भी कुछ लगा ही, संस्थाओं की तरफ से मदद भी मिली, कैश भी मिला। सुल्तान वालों ने हमारी मदद की और बाकी थोड़ा इधर–उधर से, सबकुछ मिलाकर शायद एकाध लाख का घाटा पड़े लेकिन काम बहुत जबरदस्त हुआ।

क्या आपके मन में उदयशंकर जी की स्मृति में कोई एकेडमी या संस्था स्थापित करने की योजना है?

हाँ ! मेरा मानना है कि नेम इज़ दी इम्पॉर्टेन्ट। इसलिए मेरा मानना है कि दिल्ली में एक संस्था होनी चाहिए जहां दादा के नाम से क्रिएटिव डांस की थोड़ी ट्रेनिंग हो। यह काम चले। उनका दिखाया जो मार्ग है, उस मार्ग पर हम आगे बढ़ें और नई प्रतिभाओं का मार्गदर्शन भी करें।

अब खुद तो इतना नहीं कर सकते, लेकिन इसके लिए इसके पीछे रहकर डायरेक्शन दे सकते हैं। हमारे और उनके पुरातन शिष्यों में से हम कुछ को सामने ला सकते हैं। लेकिन ऐसा नहीं कि छह महीने कोई आया, चार महीने कोई और आया, तीन महीने कोई आया और फिर थोड़ा–थोड़ा कुछ काम चला। कोई आगे आकर काम शुरू करे तो हम उसमें सहयोग दे सकते हैं।

आप अपने व्यस्त दैनिक कार्यक्रम में से कितना समय रियाज़ पर देते हैं?

दैनिक कार्यक्रम उसी का हो सकता है जिसका कोई ठिकाना हो। हमारे तो पैर में क्या लगा हुआ है, मालूम नहीं। एक शब्द है हिन्दी में, यायावर (घूमने वाला)। तो मेरा कोई दैनिक क्रमबंधन हो ही नहीं सकता। होटल में रहना, आज यहाँ, कल वहाँ..., ट्रैवलिंग। हमारा ज्यादा समय तो आसमान में ही रहता है।

रियाज़ जहां भी हो सके, जितना भी हो सके, करते हैं। लेकिन इसका बंधन नहीं है कि इस समय से इस समय तक। जब भी समय मिले दो घण्टा, तीन घण्टा, कभी सिर्फ आधा घण्टा। कभी कोई दो–चार, पांच लोग आ गए। तो साथ में चार–पांच घण्टा भी बिता लेते हैं। काफी हो गया एक्सरसाइज़। लेकिन एकदम से नहीं कर सकते। इसलिए एक–सवा साल के अन्दर धीरे–धीरे स्पीड घटाते जाते हैं। कई लोग बहुत दफा कहते हैं कि ये तो आप पन्द्रह साल से कह रहे हैं। क्या करें, हम फंसे हुए हैं। लेकिन अब वाकई मैं थक गया हूं। बहुत हो गया, 64 साल हो गए....

पं० विनय चन्द्र मोदगल्य

दिल्ली के बुज़ुर्ग—३

पं. विनयचन्द्र मौदगल्य

गांधी उन दिनों पंचकुइयां रोड के पास हरिजन बस्ती में रुके हुए थे। सवेरे ४.३० बजे से प्रार्थना शुरू हो जाती थी। सवेरे ४ बजे पत्नी को साथ में लेकर मैं साइकिल से निकल पड़ता था। आज भी जब वे दिन मुझे याद आते हैं तो बापू के प्रति श्रद्धा से भर जाता हूं। वे १५ दिन मेरे जीवन के सबसे महत्वपूर्ण दिन थे।

मुझे लगा, पं. विनय चंद्र मौदगल्य के चेहरे पर इतिहास की परछाइयां तैर रही हैं।

वे कहने लगे : कनु गांधी आए नहीं थे। सवेरे की प्रार्थना के लिए किसी गायक की जरूरत थी। उन दिनों कृष्णा नायर (के. सी. नायर) भी बापू की देखभाल कर रहे थे। उन्होंने मेरा और मेरी पत्नी का बापू से जिक्र किया। हम लोगों को बुलवाया गया। बापू ने हमसे बातचीत की और पृष्ठभूमि जानी। वे बहुत खुश हुए। उन दिनों प्रार्थना के समय बृजकृष्ण चांदीवाला और राजकुमारी अमृतकौर भी होते थे।'

'इस प्रकार प्रार्थना के समय मैं और मेरी पत्नी श्रीमती पद्मा भजन गाते थे और शाम को रामलीला मैदान में बापू के प्रवचन के समय मैं गाया करता था।'

'मुझे उस दिन पता चला कि बापू को शास्त्रीय संगीत की गहरी समझ थी। हुआ यह कि कुछ लोगों के कहने पर बापू ने एक लड़के को भजन गाने की अनुमति दे दी। जब उसने गाना पूरा किया तो बापू ने टोकते हुए कहा कि राग का भी समय होता है। असमय राग नहीं छेड़ना चाहिए।'

उस युवक ने शाम के समय प्रातःकाल के भैरव में भजन गाया 'आगो मोहन प्यारे'।

२ जनवरी १९१८ को गुरुकुल कांगड़ी हरिद्वार में जन्मे वयोवृद्ध संगीतकार पं. विनय चंद्र मौदगल्य ने दिल्ली में शास्त्रीय संगीत को न केवल योग्य दर्जा दिलाया बल्कि जनतंत्रीकरण किया है। गंधर्व महाविद्यालय के प्राचार्य के रूप में उनकी भूमिका को कभी भुलाया नहीं जा सकता।

मौदगल्य जी ने अब तक लगभग चार सौ गीतों की संगीत-रचना की है। इसमें बड़ी संख्या में उनके स्वरचित गीत भी हैं। उन्होंने लगभग सभी भारतीय और कई रचना की है। ये रचनाएं उनके द्वारा तैयार वृन्दगान समूह द्वारा विदेशी भाषाओं के गीतों की संगीत देश-विदेश में गायी गयीं हैं।

मौदगल्यजी जिन्हें स्नेह से सभी 'भाईजी' कहते हैं का कहना है कि संगीत की भाषा सार्वभौम है, वह जीवन के लिए है।

पिछले दिनों अमरीका के सुप्रसिद्ध लिंकन सेंटर, ने एक एक 'लांग प्लेयिंग रिकार्ड' निकाला है। उस रिकार्ड का पहला गीत ऋग्वेद का एक श्लोक है। यह गीत भाईजी के निर्देशन में गंधर्व महाविद्यालय के 'कोयर ग्रुप' ने अमरीका में गाया था। जब संयुक्त राष्ट्र संघ महासचिव कुर्त वाल्दहीम से मौदगल्य जी को मिलवाया गया तो उन्होंने उस गीत के बारे में पूछा। ऋग्वेद के उस श्लोक का अर्थ जानकर वाल्दहीम ने कहा कि जो काम हम कर रहे हैं, उसी काम

में कर रहे हैं। इस श्लोक में विश्व-बंधुत्व और मानव कल्याण का भाव है।

आज ६७ वर्ष की आयु में संगीत और साधना के लिए भाईजी सवेरे ८ बजे से रात्रि १० बजे तक जुटे रहते हैं। इसी का परिणाम है कि गंधर्व महाविद्यालय अन्तरराष्ट्रीय ख्याति का संस्थान बन गया है। इस समय भी फ्रांस, आयरलैंड, साइप्रस, वेस्ट इंडीज आदि कई देशों के छात्र भारतीय संगीत की शिक्षा ले रहे हैं। हाल ही में जब जुबीन मेहता भारत आए तो उन्होंने अपने ग्रुप के तीन वादकों को तीन दिन की ट्रेनिंग के लिए भाईजी के पास भेजा।

भाईजी ने पं. पृथ्वीराज पत्र्यक्कर, पं. जनार्दन पेंढे, पं. गिरधारी लाल शुक्ल, पं. शुभानंद व्यास से संगीत सिखा किन्तु मुख्य रूप से संगीत की तालीम पूना में पं. विनायक राव पटवर्धन की देखरेख में ही हुई। यही कारण है कि भाईजी को सौ अनेक रागों का ज्ञान है, जो अधिक प्रचलित नहीं हैं। उन्होंने वृन्दगान में कई नए प्रयोग किए हैं। भाईजी ने अनेक कविताओं की रचना भी की है और उन्हें संगीत बद्ध किया है।

२ अप्रैल, १९७८ को मौदगल्य जी की षष्ठी पूर्ति के अवसर पर उनका अभिनन्दन किया गया।

—राजेन्द्र रेही

पं० विनय चन्द्र मोदगल्य

(4 अक्टूबर, 1984)

यह 1942 की बात है। महात्मा गांधी उन दिनों पंचकुइयां रोड के पास हरिजन बस्ती में रुके हुए थे। सवेरे 4.30 बजे से प्रार्थना शुरू हो जाती थी। सवेरे 4 बजे पत्नी को साथ में लेकर मैं साइकिल से निकल पड़ता था। आज भी जब वे दिन मुझे याद आते हैं तो बापू के प्रति श्रद्धा से भर जाता हूँ। वे 15 दिन मेरे जीवन के सबसे महत्वपूर्ण दिन थे।

मुझे लगा, पं0 विनय चन्द्र मोदगल्य के चेहरे पर इतिहास की परछाइयां तैर रही हैं।

वे कहने लगे : कनु गांधी आए नहीं थे। सवेरे की प्रार्थना के लिए किसी गायक की जरूरत थी। उन दिनों कृष्णा नायर (के.सी. नायर) भी बापू की देखभाल कर रहे थे। उन्होंने मेरा और मेरी पत्नी का बापू से जिक्र किया। हम लोगों को बुलवाया गया। बापू ने हमसे बातचीत की और पृष्ठभूमि जानी। वे बहुत खुश हुए। उन दिनों प्रार्थना के समय बृजकृष्ण चांदीवाला और राजकुमारी अमृतकौर भी होते थे।'

'इस प्रकार प्रार्थना के समय मैं और मेरी पत्नी श्रीमती पद्मा भजन गाते थे और शाम को रामलीला मैदान में बापू के प्रवचन के समय मैं गाया करता था।'

पं० विनय चन्द्र मोदगल्य

'मुझे उस दिन पता चला कि बापू को शास्त्रीय संगीत की गहरी समझ थी। हुआ यह कि कुछ लोगों के कहने पर बापू ने एक लड़के को भजन गाने की अनुमति दे दी। जब उसने गाना पूरा किया तो बापू ने टोकते हुए कहा कि राग का भी समय होता है। असमय राग नहीं छेड़ना चाहिए।'

उस युवक ने शाम के समय प्रातःकाल के भैरव राग में भजन गाया 'जागो मोहन प्यारे'।

2 जनवरी 1918 को गुरुकुल कांगड़ी हरिद्वार में जन्मे वयोवृद्ध संगीतकार पं. विनयचन्द्र मोदगल्य ने दिल्ली में शास्त्रीय संगीत को न केवल योग्य दर्जा दिलाया बल्कि जनतंत्रीकरण किया है। गंधर्व महाविद्यालय के प्राचार्य के रूप में उनकी भूमिका को कभी भुलाया नहीं जा सकता।

मोदगल्य जी ने अब तक लगभग चार सौ गीतों की संगीत–रचना की है। इसमें बड़ी संख्या में उनके स्वरचित गीत भी हैं। उन्होंने लगभग सभी भारतीय रागों में कई रचनाएं की हैं। ये रचनाएं उनके द्वारा तैयार वृन्दगान समूह द्वारा विदेशी भाषाओं में देश–विदेश में गाई गई हैं।

मोदगल्यजी जिन्हें स्नेह से सभी 'भाईजी' कहते हैं कि संगीत की भाषा सार्वभौम है, वह जीवन के लिए है।

पिछले दिनों अमरीका के सुप्रसिद्ध लिंकन सेंटर ने एक 'लांग प्लेयिंग रिकार्ड' निकाला है। उस रिकार्ड का पहला गीत ऋग्वेद का एक श्लोक है। यह गीत भाईजी के निर्देशन में गंधर्व महाविद्यालय के 'कोयर ग्रुप' ने अमरीका में गाया था। जब संयुक्त राष्ट्र संघ महासचिव कुर्त वाल्दहीम से मोदगल्य जी को मिलवाया गया तो उन्होंने उस गीत के बारे में पूछा। ऋग्वेद के उस श्लोक का अर्थ जानकर वाल्दहीम ने कहा कि जो काम हम कर रहे

गंधर्व गायक–मंडली को निर्देशित करते पं० विनय चन्द्र मोदगल्य

हैं, उसी काम को आप लोग ज्यादा अच्छी तरह से कर रहे हैं। इस श्लोक में विश्व बंधुत्व और मानव कल्याण का भाव है।

आज 67 वर्ष की आयु में संगीत और संस्था के लिए भाईजी सवेरे 8 बजे से रात्रि 10 बजे तक जुटे रहते हैं। इसी का परिणाम है कि गंधर्व महाविद्यालय अन्तर्राष्ट्रीय ख्याति का संस्थान बन गया है। इस समय भी फ्रांस, आयरलैण्ड, साइप्रस, वेस्टइंडीज आदि कई देशों के छात्र भारतीय संगीत की शिक्षा ले रहे हैं। हाल ही में जब जुबीन मेहता भारत आए तो उन्होंने अपने ग्रुप के तीन वादकों को तीन दिन की ट्रेनिंग के लिए भाईजी के पास भेजा।

भाईजी ने पं. धुड़ीराज पलुस्कर, पं. जनार्दन पेठे, पं. गिरधारी लाल शुक्ल, पं. ब्रह्मानन्द व्यास से संगीत सीखा किन्तु मुख्य रूप से संगीत की तालीम पूना में पं. विनायक राव पटवर्धन की देखरेख में ही हुई। यही कारण है कि भाईजी को सौ से अधिक रागों का ज्ञान है, जो अधिक प्रचलित नहीं हैं। उन्होंने वृन्दगान में कई नए प्रयोग किए हैं। भाईजी ने अनेक कविताओं की रचना भी की है और उन्हें संगीतबद्ध किया है।

2 अप्रैल, 1978 को मोदगल्य जी की षष्ठीपूर्ति के अवसर पर उनका अभिनन्दन किया गया।

मृदंगाचार्य पुरुषोत्तम पखावजी

—ब्रजेन्द्र रेही

पुरुषोत्तमदास पखावजी

मृदंगाचार्य पुरुषोत्तम पखावजी

(3 मई, 1983)

आप पखावज भी तबले की तरह बजाते हैं। आकाशवाणी के लिए आपको कैसे पास किया जाए? बरसों पूर्व यह बात आकाशवाणी के एक अधिकारी ने विख्यात वयोवृद्ध मृदंगाचार्य श्री पुरुषोत्तमदास पखावजी से कही थी। जाहिर है आकाशवाणी के उस टेस्ट में उन्हें पास नहीं किया गया था।

श्री पखावजी ने दूसरी बार टेस्ट दिया और वही चीज़ें बजाईं, जो पहले बजाई थीं। इस बार वह पास हो गये थे, क्योंकि परीक्षक कोई और थे। पखावजी ने कहा– ''संगीत का सामान्य जानकार भी यह अच्छी तरह समझता है कि तबला, पखावज के बाद आया है। यदि मैं पखावज पर कुछ बोलों को तबले की तरह बजाता हूँ तो इसमें तकलीफ क्या है? यह तो अच्छी बात है।''

आज दुर्भाग्य यह है कि आकाशवाणी और दूरदर्शन में काम करने वाले अधिकारी–कर्मचारियों में से कई ऐसे हैं, 'जिन्हें संगीत के व्यवहारिक पक्ष

की भी समझ नहीं है' लेकिन वे बड़े–बड़े विख्यात कलाकारों के कार्यक्रम रिकॉर्ड करते हैं। परिणाम यह होता है कि कला की आत्मा की हत्या कर दी जाती है।

श्री पखावजी 76 वर्षीय ऐसे कलाकार हैं, जिनके शिष्यों की एक लम्बी सूची है और जिन्हें देश–विदेश में खूब प्रशंसा मिली है। 7 जुलाई 1907 को राजस्थान की कला नगरी नाथद्वारा में जन्मे इस वयोवृद्ध कलाकार की खासियत है 'खुलाबाज लयकारी'। वे दिननन से वादन शुरू करते हैं और परणों को और विस्तार लेते हैं।

पिछले सप्ताह 'झंकार' के मंच पर पखावजी का पखावज वादन सुनकर दिल्ली के रसिक श्रोता भाव–विभोर हो गये थे। इन श्रोताओं में श्री बिरजू महाराज, पं. कुन्दन लाल गंगानी, पं. दुर्गालाल, श्री मुन्नालाल शुक्ला जैसे नृत्य–गुरू तो थे ही, कुछ बड़े–बड़े कला–समीक्षक भी थे। कार्यक्रम का आयोजन किया था पखावजी के शिष्य श्री राम लखन और युवा कथक नर्तक श्री नन्द किशोर कपोते ने।

संगीत नाटक अकादमी से पुरस्कृत और पद्मश्री की उपाधि प्राप्त पखावजी 25 वर्ष तक दिल्ली में रहे और पं. दुर्गालाल, तुलसी नारायण, तोताराम, राम लखन यादव, भगवती चरण उप्रेती, भीम गौरंग, राजा छत्रजीत सिंह, हरिकृष्ण बहेरा जैसे प्रतिभा संम्पन्न शिष्य तैयार किए। वे 1957 में भारतीय कला केन्द्र में पखावज के गुरू पद पर नियुक्त किए गए थे। बाद में उन्हें 1964 से कथक केन्द्र में शिक्षण की जिम्मेदारी सौंपी गई। जनवरी 1982 में ये यहां से रिटायर हो गये।

पखावजी के पिता घनश्याम जी स्वयं पखावज के उत्कृष्ट कलाकार थे। पुरुषोत्तम जी ने बाल्यकाल में अपने पिता से ही पखावज की शिक्षा ली। दुर्भाग्य से जब वह 9 वर्ष के थे, पिता का 'साया' उठ गया था। इनके लालन–पालन का भार नाथद्वारा के तिलकायत गोस्वामी गोवर्धन लाल जी महाराज ने वहन किया। अपनी सूझ–बूझ और गुरुओं के मार्गदर्शन में बालक पुरुषोत्तम ने पिता द्वारा रचित ग्रंथ 'मृदंग सागर' का अध्ययन किया।

सोवियत संघ, जापान, श्रीलंका, नेपाल आदि देशों में पखावज बजाकर प्रशंसा अर्जित करने वाले इस वयोवृद्ध कलाकार की हार्दिक इच्छा

है कि नाथद्वारा में एक विशाल नृत्य–कला और संगीत का संस्थान बने.।

नई पीढ़ी के कलाकारों में संगीत के प्रति बढ़ते आकर्षण को भारतीय शास्त्रीय कलाओं के लिए श्रेयष्कर बताते हुए उन्होंने कहा – "यदि नये कलाकार कुछ बनना चाहते हैं तो पहले उन्हें कठोर साधना करनी पड़ेगी। एक स्तर तक तैयारी कर लेने के बाद ही मंच पर उतरना चाहिए।"

रामदास कीर्तनकार

रामदास कीर्तनकार

नाथद्वारा के 71 वर्षीय रामदास कीर्तनकार "हवेली-संगीत" के गिने चुने संगीतज्ञों में है। श्रीनाथजी मंदिर के कीर्तनकारों के मुखिया रामदास ध्रुपद-धमार की परंपरागत गायकी के उन सिद्ध कलाकारों में से हैं, जिनके नाम की कभी धूम थी।

'हवेली' का अर्थ है भव्य निवास स्थान, लेकिन गुजरात के काठियावाड़ क्षेत्र में यह शब्द वल्लभ संप्रदाय के मन्दिरों के लिए प्रयुक्त किया जाने लगा। आगे चलकर इसका प्रचलन देश भर में हो गया। वल्लभ संप्रदाय के मंदिरों की सेवा प्रणाली में संगीत का प्रमुख स्थान है। इसी संगीत पद्धति को "हवेली -संगीत" के नाम से पुकारा जाता है। लगभग चार सौ वर्ष पूर्व "अष्ट छाप" के भक्त कवियों ने जिस ताल और राग में सेवा के जो पद गाये थे, उन्हीं ताल -आवृत्तियों में की जाने वाली गायकी "हवेली-संगीत" के रूप में समृद्ध तथा प्रसिद्ध है।

सिर पर उदयपुरी पगड़ी, नाथद्वारा की परंपरागत वेशभूषा धोती, बगलबंडी तथा उपरना ओढ़े रामदास जी से यदि आपकी मुलाकात हो जाये तो आप यह नहीं जान पायेंगे कि आप किसी संगीतकार से मिल रहे हैं। आपको ऐसे लगेगा जैसे किसी सीधे साधे सात्त्विकवृत्ति के शिक्षक से आपकी मुलाकात हो रही है।

रामदास जी ने संगीत की शिक्षा वृन्दावन के ग्वालिया बाबा से ली। इन्होंने बम्बई के अपने जमाने के गायक भाई शंकर तथा नाथद्वारा में सूरदास तथा हीरालाल पालीवाल से भी शिक्षण लिया।

व्यक्ति चर्चा

शास्त्रीय तथा हवेली संगीत के मर्मज्ञ रामदास जी लखनऊ घराने की ठुमरी गायकी के लिए भी प्रसिद्ध रहे हैं। हारमोनियम, तबला, मृदंग, वीणा तथा जलतरंग जैसे वाद्य यंत्रों पर भी आपकी प्रशंसनीय पकड़ है।

आकाशवाणी के बम्बई, दिल्ली तथा जयपुर केन्द्रों से संगीत के अनेक कार्यक्रम प्रस्तुत करने वाले कीर्तनकार रामदास ने सबसे पहला आकाशवाणी कार्यक्रम 14 वर्ष की आयु में बम्बई 1928 तक बम्बई आकाशवाणी केन्द्र से आपके अनेक कार्यक्रम प्रसारित हुए। सन् 1936 में अखिल भारतीय संगीत सम्मेलन तथा तानसेन समारोह में अपनी ध्रुपद गायकी के द्वारा इन्होंने उस समय के वरिष्ठ कलाकारों की प्रशंसा अर्जित की।

नाथद्वारा में मंदिर मंडल द्वारा सन् 1964 में "श्रीनाथ संगीत शिक्षण केन्द्र" स्थापित किया गया। रामदासजी ने इस केन्द्र में शिक्षण को विशिष्टता प्रदान करने की कोशिश की। लेकिन अभी तक यह केन्द्र उच्चस्तरीय संगीत-शिक्षा के संस्थान के रूप में काम नहीं कर पा रहा है।

• बृजेन्द्र रेही

नाथद्वारा की कीर्तन पद्धति के संबंध में बातचीत के दौरान रामदासजी ने कहा -"जब तक नई पीढ़ी के युवक समर्पण -भाव से शिक्षण नहीं लेंगे, संगीत की ओजस्वी परंपराएं कायम नहीं रह सकेंगी। साथ ही सेवा भाव ना रखने वाले लोगों तथा प्रशासन का भी यह कर्त्तव्य है कि वे इस परंपरागत गायकी के शिक्षण तथा इसके भावी गायकों के जीविकोपार्जन की ओर भी ध्यान दें।"

रामदास कीर्तनकार

(अप्रैल 1980)

नाथद्वारा (राजस्थान) के 71 वर्षीय रामदास कीर्तनकार 'हवेली–संगीत' के गिन–चुने संगीतज्ञों में हैं। श्रीनाथजी मंदिर के कीर्तनकारों के मुखिया रामदास ध्रुपद–धमार की परंपरागत गायकी के उन सिद्ध कलाकारों में से हैं, जिनके नाम की कभी धूम थी।

'हवेली' का अर्थ है भव्य निवास स्थान, लेकिन गुजरात के काठियावाड़ क्षेत्र में यह शब्द वल्लभ संप्रदाय के मन्दिरों के लिए प्रयुक्त किया जाने लगा। आगे चलकर इसका प्रचलन देशभर में हो गया। वल्लभ संप्रदाय के मंदिरों की सेवा प्रणाली में संगीत का प्रमुख स्थान है। इसी संगीत पद्धति को 'हवेली–संगीत' के नाम से पुकारा जाता है। लगभग चार सौ वर्ष पूर्व 'अष्टछाप' के भक्त कवियों ने जिस ताल और राग में सेवा के जो पद गाये थे, उन्हीं ताल–आवृत्तियों में की जाने वाली गायकी 'हवेली–संगीत' के रूप में समृद्ध तथा प्रसिद्ध है।

सिर पर उदयपुरी पगड़ी, नाथद्वारा की परंपरागत वेशभूषा धोती, बगलबंडी तथा उपरना ओढ़े रामदास जी से यदि आपकी मुलाकात हो

जाए तो आप यह नहीं जान पाएंगे कि आप किसी संगीतकार से मिल रहे हैं। आपको ऐसा लगेगा जैसे किसी सीधे–साधे सात्विक वृत्ति के शिक्षक से आपकी मुलाकात हो रही है।

रामदास जी ने संगीत की शिक्षा वृन्दावन के ग्वालिया बाबा से ली थी। इन्होंने बम्बई के अपने जमाने के गायक भाई शंकर तथा नाथद्वारा में सूरदास तथा हीरालाल पालीवाल से भी संगीत की बारीकियां सीखीं।

शास्त्रीय तथा हवेली संगीत के मर्मज्ञ रामदास जी लखनऊ घराने की ठुमरी गायकी के लिए भी प्रसिद्ध रहे हैं। हारमोनियम, तबला, मृदंग, वीणा तथा जलतरंग जैसे वाद्ययंत्रों पर भी आपकी प्रशंसनीय पकड़ है।

आकाशवाणी के बम्बई, दिल्ली तथा जयपुर केन्द्रों से संगीत के अनेक कार्यक्रम प्रस्तुत करने वाले कीर्तनकार रामदास ने सबसे पहला आकाशवाणी कार्यक्रम 14 वर्ष की आयु में पेश किया। सन् 1928 तक बम्बई आकाशवाणी केन्द्र से आपके अनेक कार्यक्रम प्रसारित हुए। सन् 1936 में अखिल भारतीय संगीत सम्मेलन तथा तानसेन समारोह में अपनी ध्रुपद गायकी के द्वारा उन्होंने उस समय के वरिष्ठ कलाकारों से प्रशंसा अर्जित की।

नाथद्वारा में मंदिर मंडल द्वारा सन् 1964 में "श्रीनाथ संगीत शिक्षण केन्द्र" स्थापित किया गया। रामदासजी ने इस केन्द्र में शिक्षण को विशिष्टता प्रदान करने की कोशिश की। लेकिन अभी तक यह केन्द्र उच्चस्तरीय संगीत–शिक्षा के संस्थान के रूप में काम नहीं कर पा रहा है।

नाथद्वारा की कीर्तन पद्धति के संबंध में बातचीत के दौरान रामदासजी ने कहा– "जब तक नई पीढ़ी के युवक समर्पण–भाव से शिक्षण नहीं लेंगे, संगीत की ओजस्वी परंपराएं कायम नहीं रह सकेंगी। साथ ही सेवा भावना रखने वाले लोगों तथा प्रशासन का भी यह कर्तव्य है कि वे इस परंपरागत गायकी के शिक्षण तथा इसके भावी गायकों के जीविकोपार्जन की ओर भी ध्यान दें।"

रेशमा

रेशमा : पाकिस्तान की लोकप्रिय गायिका

रेशमा पाकिस्तान की लोकप्रिय गायिका है। वह राजस्थानी, पंजाबी और उर्दू के गीतों-गजलों की विशिष्ट गायकी के लिए चर्चित है। उसके व्यक्तित्व की एक सबसे बड़ी विशेषता यह है कि वह बहुत ही विनोदी और कुंठामुक्त स्वभाव की है, जिसकी झलक आपको इस भेंटवार्ता में भी मिलेगी।

—प्रस्तुति : ब्रजेन्द्र रेही

छाया : कौशल भार्गव

एक बेटी पहली बार अपने पुरखों के गांव आयी। गांव आने से पहले उसके जहन में गांव की एक ऐसी तस्वीर बनी हुई थी, जहां आधुनिक जीवन की सभी सुख-सुविधाएं मौजूद हों। जब वह गांव पहुंची तो उसका वह बिम्ब टूट गया और उसकी जगह ले ली एक टीस ने, जो दिल को गहराई तक बींध गयी। वह गांव से दर्द का बजन लिए लौट आयी।

यह बेटी रेशमा थीं। रेशमा आज पाकिस्तान की प्रथम श्रेणी की लोकप्रिय गायिका है, जिसे पाकस्तिान के बाहर भी उतनी ही लोकप्रियता प्राप्त है, जितनी की पाकिस्तान में और वह गांव जहां रेशमा आयी, वह गांव है रतनगढ़—राजस्थान के चुरू जिले में रेतीले धोरों के बीच अपनी अलग पहचान लेकर बसा हुआ।

१९४२-४३ तक रेशमा के मां-बाप इसी गांव में रहते थे। इन लोगों का पुश्तैनी पेशा था घोड़े बेचना। गांव-गांव बंजारों की तरह घूमते, मीलों पैदल चलते, जहां रात हुई वहीं तंबू गाड़ते और विश्राम करते, फिर सूरज उगने के साथ काफिला आगे की मंजिल के लिए रवाना हो जाता। रतनगढ़ छोड़ने के बाद उसके पिता मुंशी पेशावर में जाकर बस गए। जब पाकिस्तान बना, तब रेशमा ग्यारह माह की थी।

आप हिसाब लगा लो

कुंठाओं से मुक्त जीवन जीने वाली ३६ वर्षीया रेशमा बहुत विनोदी स्वभाव की है। एक सवाल के जवाब में उसने कहा, "मैं नहीं जानती कितने गाने गाए हैं मैंने। १६-१७ वर्ष हो गए, गा रही हूं। अब आप ही हिसाब लगा लो, कितने गाए। इसके बाद ठहाके लगाते हुए वह बोली, मैं लंदन गयी थी। वहां मेरा बेटा सावन (जो अब १४ साल का है) बीमार हो गया। एक महिला डाक्टर ने जब पूछा, यह किस सन् और मौसम में पैदा हुआ? तो मैंने कहा, मैं नहीं जानती सन्-सुन। इतना जानती हूं कि जब खरबूजे चले, आम चले तब यह पैदा हुआ। अब मैं दो-चार आम, खरबूजे खा चुकी हूं। इसलिए आप हिसाब लगा लो कि कितने साल का है।" पर आज की रेशमा वह रेशमा नहीं है। दुनिया घूमने और उम्र के साथ बढ़ते तजुर्बों ने रेशमा को काफी दुनियादार व समझदार बना दिया है। एक कुशल गृहिणी और चार बच्चों की मां रेशमा की पढ़ाई न किसी स्कूल में हुई, न उसने किसी गुरु से गाना ही सीखा। गाने का शौक उसे बचपन से ही था। वह रेडियो पर गाने सुनती और दोहराती रहती। गांव में जहां कहीं मेले लगते, हमउम्र लड़के, लड़कियों के साथ तम्बू-सिनेमाघरों में फिल्म देखती और गाती थी। बस इसी तरह रेशमा आगे बढ़ी। आज से कोई १७-१८ साल पहले सिंध हैदराबाद के एक गांव सेवान में कलंदर के दरबार में 'ओ लाल मेरी पत रखियो भला, झूले लालन ने, गाया था, बस तभी से गाने का सिलसिला चल पड़ा।

हुआ यह कि जहां कलंदर की मजार पर रेशमा गा रही थी, वहां करांची रेडियो स्टेशन के तत्कालीन डायरेक्टर सलीम गिलानी भी मौजूद थे। जब गाना पूरा हुआ तो गिलानी साहब रेशमा के पास आए और तारीफ करते हुए बोले, "आपकी आवाज अच्छी है। आप चलिए, रेडियो पर गाना गाइए। मैं रेडियो का अफसर हूं। डायरेक्टर हूं।"

रेशमा बोली, "जी, हमारे कबीले में इसे अच्छा नहीं मानते। गाने का शौक तो है, पर बाहर कहीं गाने की इजाजत नहीं है। यहां दरबार में भी मैं बड़े भाई की मनौती के कारण गाने आयी हूं।"

गिलानी साहब कुछ सोचने लगे। यह देखकर रेशमा ने कहा, "आप पता लिखकर दे दो। किस्मत में हुआ तो आ जाऊंगी।"

"इसके दो-तीन साल बाद मैं करांची घूमने के लिए गयी। मन में खुशी थी कि शहर देखेंगे, वहां की सड़कें देखेंगे। फिर पूछते-पूछते रेडियो स्टेशन पहुंच गयी। मन ही मन सोच रही थी कि वह रेडियो वाला बाबू मिला था कलंदर के दरबार में। रेडियो स्टेशन दिखाएगा। वहां पहुंची तो चौकीदार अन्दर नहीं जाने दे। मैं गेट वाले के साथ लडूं कि, अरे भैया, अन्दर तो जाने दे। उसने कहा, यह रेडियो स्टेशन है। तो मैंने और ज़ोर से कहा, जानते हैं, तभी तो आए हैं। गिलानी साहब ने बुलाया है। उसने पूछा, कब मिले थे? मैंने कहा, दो-तीन साल पहले मिले थे। वह हंसने लगा। उसके पास खड़े एक आदमी ने कहा, बड़े अफसर का नाम ले रही है यह लड़की, इसे जाने दो। इस तरह मैं रेडियो स्टेशन में दाखिल हुई। अन्दर गिलानी साहब मिले। देखकर एकदम चौंके। कहने लगे, तुम जिन्दा हो? मैंने कहा, जी हां, मैं जिन्दा हूं। गिलानी साहब ने पूछा, रेडियो में गाओगी न? मैंने कहा, जी नहीं। मैं रेडियो में नहीं गाती। आपने मजार पै गाना सुना था वैसे ही आप मेरा गाना सुन लो।

रेडियो पर पहला गाना

"रेडियो के नाम से मैं घबराती भी थी। फिर उनके पास बैठे एक अफसर ने एक औरत को बुलाया। नाम था उसका मिस तमूरी। गिलानी साहब ने उससे अंग्रेजी में न मालूम क्या गिटपिट बातें कीं। बाद में मुझे पता चला कि उन्होंने मिस तमूरी से कहा था कि, यह लड़की रेडियो के नाम से घबराती है। इसलिए इसको मालूम न हो कि हम इसका गाना रिकार्ड कर रहे हैं। तमूरी मुझे एक कमरे में ले गयी। उन्होंने मुझे एक माइक के सामने खड़ा कर दिया और कहा कि, रेशमा गाओ। मुझे तो वहां रेडियो जैसा कुछ नहीं लगा। बस घर जैसी ही लगी वह जगह। मुझे नहीं पता था कि माइक है। मैंने तो यूं ही समझा कि कोई डंडा होगा। चार-पांच गाने सुनाये। उसके बाद एक आदमी फोटू खींचने आया। मैं घबरा गयी, क्योंकि अगर किसी रिश्तेदार ने देख लिया तो क्या होगा? फिर गिलानी साहब मिले तो मैंने कहा कि मैं अब नहीं आऊंगी। एक बाबू ने फोटू खींच लिया भीतर। इतना कहकर मैं वहां से चलने लगी

(शेष पृष्ठ ९० पर)

रेशमाः पाकिस्तान की लोकप्रिय गायिका

(फरवरी, 1983)

एक बेटी पहली बार अपने पुरखों के गांव आई। आने से पहले उसके जेहन में गांव की एक ऐसी तस्वीर बनी हुई थी जहां जीवन की सभी सुख सुविधाएं मौजूद हों। जब वह गांव पहुंची तो उस तस्वीर की जगह ले ली एक ऐसी टीम ने, जो उसके दिल को गहराई तक बींध गयी। वह गांव से अपने दिल में दर्द लिए लौट आयी।

यह रेशमा थी। रेशमा आज पाकिस्तान की प्रथम श्रेणी की ऐसी लोकप्रिय गायिका है जिसे पाकिस्तान के बाहर भी उतनी ही लोकप्रियता प्राप्त है, जितनी पाकिस्तान में। जिस गांव में रेशमा आयी थी उसका नाम है रतनगढ़। आज भी राजस्थान के चुरू जिले के रेतीले धोरों के बीच रतनगढ़ अपनी एक अलग पहचान लिए हुए है।

1942–43 तक रेशमा के मां–बाप इसी गांव में रहते थे। उनका पुश्तैनी पेशा था घोड़े बेचना। वे गांव–गांव बंजारों की तरह घूमते, मीलों पैदल

चलते, जहां रात हुई वहीं तंबू गाड़ते और विश्राम करते, फिर सूरज उगने के साथ ही उनका काफिला अगली मंजिल के लिए रवाना हो जाता। रतनगढ़ छोड़ने के बाद उनके पिता पेशावर में जाकर बस गए। जब पाकिस्तान बना, तब रेशमा की उम्र केवल ग्यारह माह थी।

ना मालूम कितने गाने गाए

उन्मुक्त जीवन में विश्वास रखने वाली रेशमा बहुत विनोदी स्वभाव की है। अब तक कितने गाने गाए पूछने पर उसने कहा– 'मैं नहीं जानती कितने गाने गाए हैं मैंने। 16–17 वर्ष हो गए, गा रही हूँ। अब आप ही हिसाब लगा लो, कितने गाए।'

फिर बोली– 'एक बार मैं लंदन गयी थी। वहां मेरा बेटा सावन (जो आज 14 साल का है) बीमार हो गया। एक डाक्टर ने जब पूछा कि यह कौन से सन् और महीने में पैदा हुआ तो मैंने कहा– मैं नहीं जानती सन्–सुन। इतना जानती हूं कि जब खरबूजे चले, आम चले तब यह पैदा हुआ। अब मैं दो बार आम और खरबूजे खा चुकी हूं। इसलिए आप खुद ही हिसाब लगा लो कि ये कितने साल का है?' लेकिन आज की रेशमा वह रेशमा नहीं रही। दुनिया घूमने और उम्र के साथ बढ़ते तजुर्बों ने रेशमा को दुनियादार और समझदार बना दिया है।

एक कुशल गृहणी और चार बच्चों की मां रेशमा की पढ़ाई न किसी स्कूल में हुई और न ही उसने किसी से गायन की विधिवत शिक्षा ही ली। गाने का शौक उसको बचपन से ही था। वह रेडियो पर गाने सुनती और उन्हें दोहराती रहती। गांव में जहां कहीं मेले लगते, हम उम्र लड़के–लड़कियों के साथ तम्बू–सिनेमाघरों में फिल्में देखती और गाती थी। बस इसी तरह रेशमा आगे बढ़ती रही। आज से कोई 17–18 साल पहले सिंध के एक गांव सेवाल में कलंदर के दरबार में 'ओ लाल मेरी पत रखियो भला, झूले लालण' गाया था। बस, तभी से गाने का सिलसिला चल पड़ा।

हुआ यूं कि कलंदर की मजार पर जहां रेशमा गा रही थी, वहां कराची रेडियो स्टेशन के तत्कालीन डायरेक्टर सलीम गिलानी भी मौजूद थे। गाना पूरा हुआ तो गिलानी साहब रेशमा के पास आए और तारीफ करते हुए बोले– आपकी आवाज़ बहुत अच्छी है, आप मेरे साथ चलिए और रेडियो पर गाना गाइए। मैं रेडियो का डायरेक्टर हूं।

रेशमा बोली – जी, हमारे कबीले में रेडियो पर गाना अच्छा नहीं मानते। गाने का शौक तो है पर बाहर कहीं गाने की इजाज़त नहीं है। यहां दरबार में भी मैं बड़े भाई की मनौती के कारण गाने आयी हूं।

गिलानी साहब कुछ सोचने लगे। यह देखकर रेशमा ने कहा– आप पता लिखकर दे दो, किस्मत में हुआ तो आ जाऊंगी।

इसके दो–तीन साल बाद मैं कराची घूमने के लिए गई। मन में खुशी थी कि शहर देखेंगे, वहां की सड़कें देखेंगे। फिर पूछते–पूछते रेडियो स्टेशन पहुंच गई। सोचा कि वह रेडियो वाला बाबू मिला था कलंदर के दरबार में, रेडियो स्टेशन तो घुमाकर दिखला ही देगा। वहां पहुंची तो चौकीदार अन्दर ही न जाने दे। मैं उसके साथ लडूं कि अरे भैया, अन्दर तो जाने दे। उसने कहा–यह रेडियो स्टेशन है। तो मैंने और जोर से कहा–जानते हैं, तभी तो आए हैं। गिलानी साहब ने बुलाया है। गिलानी साहब का नाम लेने पर उसने पूछा–कब मिले थे? मैंने कहा–दो–तीन साल पहले। वह हंसने लगा। उसके पास खड़े एक आदमी ने कहा–बड़े अफसर का नाम ले रही, यह लड़की, इसे जाने दो। इस तरह मैं रेडियो स्टेशन में दाखिल हुई। अन्दर गिलानी साहब मिले। देखकर चौंके, पूछा–रेडियो में गाओगी न? मैंने कहा–जी नहीं, मैं

रेडियो में नहीं गाऊंगी। अगर आपको मेरा गाना सुनना है तो जैसे आपने मजार पर गाना सुना था वैसे ही आप यहां पर भी मेरा गाना सुन लो।

रेडियो पर पहला गाना

मैं रेडियो के नाम से ही घबराती थी। जब मैंने गाना सुनाने पर रजामंदी ज़ाहिर की तो उनके पास बैठे एक अफसर ने एक औरत को बुलाया। नाम था उसका मिस तमूरी। गिलानी साहब ने उससे अंग्रेजी में न मालूम क्या गिटपिट बातें कीं।

बाद में मुझे पता चला कि उन्होंने मिस तमूरी से कहा था कि यह लड़की रेडियो के नाम से घबराती है इसलिए इसे मालूम न हो कि हम इसका गाना रिकार्ड कर रहे हैं और तुम इसका गाना रिकार्ड कर लो। तमूरी मुझे एक कमरे में ले गयी। उसने मुझे एक माइक के सामने खड़ा कर दिया और कहा कि रेशमा, तुम गाओ। मुझे तो वहां रेडियो जैसा कुछ नहीं लगा, बस, घर जैसी ही लगी वह जगह। मुझे नहीं पता था कि मुंह के सामने रखी चीज माइक है। मैंने तो यूं ही समझा कि होगा कोई डंडा। तबियत से चार–पांच गाने सुनाए। उसके बाद एक आदमी फोटू खींचने आया। मैं घबरा गयी, क्योंकि अगर किसी रिश्तेदार ने देख लिया तो क्या होगा ?

गाने गाकर बाहर आई तो गिलानी साहब मिले। मैंने उनसे कहा कि मैं अब नहीं गाऊंगी। एक बाबू ने मेरा फोटू खींच लिया भीतर। इतना कहकर मैं वहां से चलने लगी तो उन्होंने मोहब्बत से समझाया कि रेशमा, मैं उस आदमी को मना कर दूंगा।

आज मैं सोचती हूं कितने समझदार आदमी थे गिलानी साहब। मैं तो थी एकदम जंगली–गंवार, इतनी बात कोई पढ़ा–लिखा आदमी बर्दाश्त करे, जब उसका जिगरा हो तब न।

यादों के पन्नों को पलटते हुए रेशमा आगे बोली– एक दिन गिलानी साहब कुछ अफसरों के साथ दफ्तर में बैठे थे, मैं धड़ाम से दरवाजा खोलकर भीतर चली गयी। उन्होंने कुछ नहीं कहा। अपने साथ के अफसरों से परिचय कराया कि यह वही जिप्सी लड़की है, कलंदर के मजार वाली। फिर उन्होंने पूछा, चाय बनानी आती है? मैंने कहा– जी, आती है। वह बोले, तो बनाओ। बस, मैंने चाय डाल दी, एक–एक कर बिना छाने ही सबको भर–भर के प्याले पकड़ा दिए। वो सारी बातें आज सोचती हूं तो बहुत हंसी आती है।

रेशमा कहती है– कुदरत की रहमत कि मैं गा रही हूं और आप भाई–बहनों को खुश कर रही हूं। मैंने अपने बेटे सावन को कभी कुछ नहीं सिखाया, पर जब मैं गाती हूं तो वह ध्यान से सुनता है और इस छोटी सी उमर में ही संगीत की धुनें तैयार कर लेता है। यह तो खुदा की कुदरत है कि उसने सावन को यह तोहफा खून में दे दिया।

जब रेशमा गायब हो गयी

सालों पहले रेशमा के बारे में पाकिस्तान के अखबारों में एक ख़बर छपी थी कि एक जिप्सी लड़की गायब हो गई है। पता बताने वाले को दो हजार रुपये इनाम दिये जाएंगे। वहां की एक पत्रिका 'अखबार–ए–खवातीन' ने मुखपृष्ठ पर रेशमा की फोटो छापी।

किस्सा यह था कि स्टेशन डायरेक्टर सलीम गिलानी के प्रयत्नों से रेडियो कराची से रेशमा के पांच गाने प्रसारित हुए। जब ये गाने बजे तो तहलका मच गया। रेशमा की खोज शुरू हुई, मगर रेशमा कहीं नहीं मिली। इसलिए अंत में रेशमा की खोज के लिए अखबारों का सहारा लिया गया। रेशमा के शब्दों मे– रेडियो में गाना गाने के बाद बिना कुछ बताये मैं अपने कबीले के साथ मुल्तान आ गयी। उन दिनों किसी रिश्तेदार की शादी का सामान खरीदने मैं बाजार गयी। वहां एक दुकान पर एक रिसाला देखा– 'अखबार–ए–खवातीन'। मैंने वह रिसाला एक रुपये में खरीदा। उसमें मेरा फोटो छपा हुआ था। फोटो देखकर मैं घबरा गई और दुकानदार से पूछा कि भईया, ऐसे और कितने हैं ? उसने कहा कि बहुत हैं, सारे पाकिस्तान में बिक रहे हैं। मैं घबरा गयी। घर आकर मां को बताया कि यह मेरा फोटो छपा है। उन दिनों मेरी शादी हो गयी थी, गौना नहीं हुआ था। इसीलिए मैं बहुत

घबरायी हुई थी कि ससुराल वाले न जाने क्या सोचेंगे। कहकर रेशमा हंसने लगी।

रेशमा ने अनेक फिल्मों में गाने गाए हैं। राजस्थानी, पंजाबी और उर्दू के गीतों–गज़लों की अपनी तरह की गायकी के लिए मशहूर रेशमा के घर में आज भी राजस्थानी बोली जाती है। सरसों का साग और मक्के की रोटी उसका प्रिय भोजन है। रेशमा, नूरजहां से बहुत प्रभावित है और लता मंगेशकर की बड़ी इज्जत करती है। उसका मानना है कि गायकों में रफी साहब के गानों में हर रंग देखने को मिलते हैं। रेशमा को रफी साहब के गुजर जाने का बहुत रंज है।

शरणरानी बाकलीवाल

शरणरानी बाकलीवाल

(1997)

पिछले 50 वर्षों में जबसे आज़ादी मिली है, बहुत कुछ हुआ है, बहुत तरक्की भी हुई है लेकिन उसी हिसाब से आबादी भी खूब बढ़ी है, और इसकी वजह से बहुत कुछ जो हो सकता था वह नहीं हो पाया।

यह बात कही मशहूर सरोदवादक शरणरानी बाकलीवाल ने।

आप शास्त्रीय संगीत के भविष्य के बारे में क्या कहना चाहेंगी?

संगीत के बारे में मैं कहना चाहूंगी कि जब स्टेट्स खत्म हो गए यानि राजाओं का शासन समाप्त हो गया, रियासतें नहीं रहीं तो जितने भी कलाकार रियासतों में राजाओं के अधीन काम करते थे, उनका रोजगार भी समाप्त हो गया। अब वे जनता के बीच आ गए। अपनी मनमर्जी से काम भी करने लगे इससे आम जन–जीवन में और रसिकों के बीच गाना–बजाना थोड़ा–बहुत सुनाई देने लगा लेकिन उसको जो सहारा था रियासतों में, वह नहीं मिल पाया। यह चीज़ है कि गाना–बजाना,

साहित्य–कला, संगीत इसमें सहारा चाहिए मतलब सब लोग कलाकार की चिंता करें। लेकिन ऐसा नहीं हुआ।

अब क्या हुआ कि गुरू–शिष्य परंपरा में जिस प्रकार शिक्षा दी जाती थी, आहिस्ता–आहिस्ता वह खत्म होती जा रही है। बड़े–बड़े विद्वान कलाकार थे, जो बहुत अच्छी शिक्षा देते थे और सीखते भी रहते थे, अपना सबकुछ तन–मन–धन कला को तराशने में न्यौछावर कर देते थे।

दूसरे एक बहुत बड़ी कमी रह गयी कि उनकी थोड़ी–बहुत रिकॉर्डिंग सरकार के पास है लेकिन कोई म्यूज़िक लाईब्रेरी नहीं है जहां पर जाकर शास्त्रीय संगीत सीखने वाले विद्यार्थी सुनें और सीखें। यह काम होना चाहिए था, वह नहीं हुआ क्योंकि जब बड़े गुरू नहीं रहे तो वैसा सिखाने वाले भी नहीं रहे तो लोग सुनकर भी, समझकर भी सीख सकते हैं।

मैं समझती हूं कि अब जो भी अच्छे कलाकार बचे हैं उनकी ऐसी लाइब्रेरी बनानी चाहिए जिसमें उनका गायन, वादन, नृत्य आदि सभी विधायें लेकर रिकॉर्ड करनी चाहिए और उसमें लेक्चर डेमॉन्स्ट्रेशन देते हुए भी दिखाया जाना चाहिए ताकि आगे आनी वाली पीढ़ियां जिनको कोई अच्छी तालीम देने वाला न मिल सके तो वह देखें, सुनें और सीखें। यह एक बहुत बड़ी चीज़ है। यह जिम्मेदारी किसी को लेनी चाहिए, फिर चाहे वह सरकार ले या निजी संस्थान।

वैसे तो ज़माना आता है, जाता है और कुछ–कुछ अन्तर होता ही जाता है। मैं समझती हूं कि कुछ तो होनहार लोग हैं जो इसकी पताका को फैला रहे हैं और आगे भी फैलायेंगे। लेकिन मुझे ऐसा लगता है कि जितनी गिनती में उच्च–कोटि के कलाकार होते थे, वह आज नहीं हैं।

क्या अच्छे गुरुओं के अभाव में उच्चकोटि के कलाकार तैयार करना संभव है?

यह कुछ मुश्किल है। अब मुश्किल बनता जा रहा है क्योंकि एक तो राजनीति बहुत आ गयी है सब चीज़ों में, दूसरे जो यंग टैलेंट के लोग हैं, जो इस कला को सीख करके अपने जीवन का ध्येय बनाना चाहते हैं, उनको कोई सपोर्ट नहीं है। उनको यदि कोई स्कॉलरशिप भी मिलती है तो कम से कम 10 वर्षों से कम की नहीं मिलनी चाहिए। 2–3 सालों में कोई कलाकार

नहीं बनता। जैसे इंस्टीट्यूशन्स में गाना–बजाना आ गया है पर वहां पर बहुत अच्छे गुरू नहीं हैं। फिर भी गुरू–शिष्य परंपरा से सिखा रहे हैं तो उनको भी फाइनेंशियल सपोर्ट मिलनी चाहिए ताकि इतने शिष्यों का भार वे उठा सकें। गुरू–शिष्य का नाता तो 15–20 साल का नहीं है। यह तो जीवन भर का रिश्ता–नाता बन जाता है। अब क्या होता है कि जो शिष्य हमारे पास सीखते हैं लेकिन कभी–कभी उनके दिमाग में आता है कि हम इतने बड़े हो गये, लेकिन अपनी फैमिली को सपोर्ट नहीं कर सकते। तो कब तक वह ऐसे ही सीखते रहेंगे कि कहीं से भी उन्हें कुछ भी न मिले।

आजकल के जीवन में, इस आपाधापी और महंगाई के ज़माने में कलाकार बनना बड़ा कठिन हो गया है। पहले तो ऐसा था कि कोई फिक्र ही नहीं होती थी, राजा–नवाब ये सब लोग बहुत सपोर्ट करते थे।

आज तो यह है जब कोई बन जाता है तो उसको भी सरकार या कोई ऑर्गेनाइजेशन सपोर्ट करने लग जाते हैं तो वह पैसेवाला बन जाता है। लेकिन बाकी लोग क्या करें। इसलिए मैं समझती हूँ कि आगे आने वाली पीढ़ियों को संगीत हो, साहित्य हो, शास्त्रीय संगीत खासतौर से उसको जिंदा रखने के लिए बहुत सी एजेन्सीज़ को मदद करनी पड़ेगी, तब जाकर कुछ होगा।

शास्त्रीय संगीत के विकास में संगीत नाटक अकादमी और दूसरी एजेंसीज़ का क्या रोल होना चाहिए ?

मैं समझती हूँ कि जितनी भी संस्थाएं हैं सरकारी, उनको एक तरह से को–ऑर्डिनेशन में रहना चाहिए। जैसे संगीत नाटक अकादमी है, आई.सी.सी.आर. है, एजुकेशन और कल्चर मिनिस्ट्री है और जितनी भी इस तरह की छोटी–मोटी संस्थाएं बनी हुई हैं, इनको को–ऑर्डिनेट कर देना चाहिए। इन लोगों के अंदर एक ईगो रहता है कि यह हमारा कार्यक्रम है, हम ऐसा करेंगे, वैसा करेंगे, तो यह सब नहीं होना चाहिए। क्या होता है कि इनके अंदर बड़े ग्रुप बन गये हैं और लोग–बाग जो हैं वह कला के बारे में या कलाकार के बारे में इतना नहीं सोचते, अपने कार्यक्रम या ग्रुप के बारे में सोचते हैं। ठीक वैसे ही जैसा पॉलिटिक्स में होता है। जैसे एक कांग्रेस है तो एक बीजेपी है तो एक जनता पार्टी है, बहुत पार्टियां हैं, ऐसा हमें संगीत और कला में नहीं करना है।

संगीत हर एक के लिए है, कला सब के लिए है, यह नहीं कह सकते कि यह अमीरों के लिए है, यह गरीबों के लिए है या ये कांग्रेस के लिए है या बीजेपी के लिए है। कला सब के लिए और कला का आनंद हर एक के लिए है और जो उसको महसूस करता है।

तो मैं समझती हूं कि कलाकार को और कला को जिंदा रखने के लिए जो भी मेहनती कलाकार हों, जो टॉप का कलाकार है उनकी प्रतिभा को भी समझना चाहिए। यह नहीं कि खाली एक ही किस्म के चार कलाकारों को लेकर आप चलते रहें, नहीं तो बाकी के मर जायेंगे।

आज मैं देखती हूँ कि बड़े–बड़े शायर हैं, कवि हैं, हिन्दी के बड़े–बड़े लेखक हैं, कोई पढ़ना नहीं चाहता, कोई उन्हें सुनना नहीं चाहता। टेलीविजन को देखिए, सुबह से रात तक सिनेमा ही सिनेमा है। तो जब आप जैसा भोजन परोसेंगे उसी की आदत लोगों को हो जायेगी। तो हमें भारतीय संस्कृति और शास्त्रीय कलाओं के बारे में इस तरह सपोर्ट करना चाहिए कि वे खत्म नहीं हो जाएं या जिसमें प्रतिभा है, उसको हम छोड़ न दें, उसकी मदद करें। तभी शास्त्रीय कलाएं जीवित रह सकती हैं।

विख्यात ओड़िसी नृत्यांगना संयुक्ता पाणिग्रही से बातचीत

नृत्य में राजनीति हावी है

'नृत्य के क्षेत्र में सरकारी स्तर पर दिल्ली से बाहर के कलाकारों को बहुत ही कम अवसर दिया जाता है। यह दिल्ली है, जहां राजनीति और एक विशेष प्रकार के 'एप्रोच' से कार्यक्रम मिलते हैं। नृत्य में यहां राजनीति हावी है। दिल्ली से बाहर भी बहुत उच्चकोटि की और प्रतिभा की धनी नृत्यांगनाएं हैं, किन्तु उन्हें यहां कोई नहीं बुलाता।'

ये दो टूक बातें कहीं भुवनेश्वर में रहने वाली ३८ वर्षीय विख्यात ओड़िसी नृत्यांगना श्रीमती संयुक्ता पाणिग्रही ने। संयुक्ताजी परिश्रमी और सृजनशील नृत्यांगना हैं। वे न केवल ओड़िसी बल्कि भरतनाट्यम, कथकली और कथक में भी निष्णात हैं। ओड़िसी नृत्य को उन्होंने इसलिए चुना, क्योंकि उनकी दृष्टि से इस नृत्य को आज से १५-२० वर्ष पहले करने वाले एकाध कलाकार ही थे। फिर उन्हें इस शैली में समर्पण का भाव कुछ अधिक लगा।

देश ही नहीं, विदेशों में भी अपनी कला से ख्याति अर्जित करने वाली संयुक्ताजी की सबसे बड़ी खूबी है, इस कला की बारीकियों की सहज प्रस्तुति।

संयुक्ताजी मानती हैं : 'एक नृत्यकार का रियाजी होना निश्चित स्तर तक पहुंचने के लिए बहुत जरूरी है। नहीं तो नृत्य में निखार आ ही नहीं सकता। इसके अलावा नए नृत्यकारों को यह भी सोचते रहना चाहिए कि वे किस भावना से इस कला को सीख रहे हैं। आज की युवा पीढ़ी उत्सुकता मांगती है। वह बहुत जिज्ञासु भी है। इसलिए नृत्यकार का दक्ष होना और भी ज्यादा जरूरी है।

जिस अनुपात से शास्त्रीय नृत्य लोकप्रिय हो रहे हैं, क्या उसी अनुपात में अकादमियां और सरकारें भी प्रोत्साहन दे रही हैं?

माफ कीजिए, देश में केवल भोपाल ही ऐसी जगह है, जहां कला के क्षेत्र में कुछ काम हो रहा है। उड़ीसा या दूसरे स्थानों में तो कुछ हो ही नहीं रहा है। दिल्ली का हाल मैंने आपको बता ही दिया। कुछ विश्वविद्यालय और शिक्षण-संस्थाएं अवश्य हैं, जहां नृत्य पर भाषण होते हैं, प्रदर्शन कराए जाते हैं। कलाओं को जो संरक्षण अकादमियों और सरकारों से मिलना चाहिए, वह नहीं मिल रहा है। पता नहीं, इस दिशा में जिम्मेदार लोग सोचते क्यों नहीं?

क्या दूरदर्शन से भी प्रोत्साहन नहीं मिल रहा है?

दूरदर्शन, नृत्यों के प्रचार-प्रसार और लोकप्रियता की दृष्टि से सही माध्यम है। किन्तु मुझे खेद के साथ कहना पड़ता है कि इसके अधिकांश लोग संवेदनशील नहीं हैं। कला को समझने और पेश करने में संवेदनशीलता जरूरी है। उदाहरण के लिए एक कार्यक्रम ... या मुझे ही ले लीजिए। हमारे नृत्यों को १-२, १-१ मिनिट के लिए दिखाए जाते हैं। यह कला और कलाकार का सरासर अपमान है। इससे अधिक बुरी बात क्या हो सकती है कि अपनी मर्जी से चलाओ।

आजकल नृत्यांगनाओं की बाढ़-सी आ गई है। ६-७ महीने या अधिक से अधिक एक-डेढ़ वर्ष सीखा और मंच पर नाचने के लिए उतर गए। क्या यह प्रवृत्ति शास्त्रीय नृत्यों के मूल रूप को विकृत नहीं करती?

नृत्य एक प्रदर्शनकारी कला है। जब तक इसमें एक स्तर तक दक्षता नहीं आती, मंच पर नहीं आना चाहिए। जो लोग थोड़ा-सा सीखने के बाद मंच पर आ जाते हैं, वे 'तोता रटंत' की तरह कुछ चीजें जरूर दिखा देंगे, लेकिन मस्त नहीं कर सकेंगे। किसी का सुन्दर होना, इस बात का सबूत नहीं है कि वह नृत्य भी सुन्दर करेगी। बिना रियाज, निष्ठा, समर्पण और आत्मचिन्तन के खूबसूरत नृत्य किया ही नहीं जा सकता। नृत्य को देह से उभारना होता है। यदि 'रेडीमेड' नृत्य होते रहे तो गुमराही पनपेगी और कला को कोई लाभ नहीं मिलेगा।

कला भी एक प्रकार से आध्यात्मिक चिन्तन है। जिसे देखकर या सुनकर शान्ति की अनुभूति होती है। नाट्यशास्त्र में नृत्य के बारे में गहरी व्याख्या की गई है। नृत्य, व्यक्ति को सृजनात्मक दिशा की ओर ले जाता है। जो लोग यह सोचते हैं कि नृत्य से मात्र मनोरंजन होता है, यह भ्रम है। जब तक नृत्य से आत्मा को शान्ति न मिले, तब तक उसका होना, न होना कोई अर्थ नहीं रखता। शरीर से शारीरिक का भाव पैदा होता है, [illegible] [illegible] भावनाओं की तरंग उत्पन्न होती हैं। [illegible] को आध्यात्मिक अनुभूति होने वाली कला है नृत्य।

✓ ० ब्रजेन्द्र रेही

संयुक्ता पाणिग्रही : 'नृत्य कुछ दिनों का अभ्यास भर नहीं है, यह तो रोज-रोज की साधना है'

संयुक्ता पाणिग्रही

नृत्य में राजनीति हावी है

(31 दिसम्बर, 1983)

"यहाँ दिल्ली से बाहर के कलाकारों को बहुत ही कम अवसर दिया जाता है। यह दिल्ली ही है जहां राजनीति और एक विशेष प्रकार की 'अप्रोच' से कार्यक्रम मिलते हैं। नृत्य में यहां बुरी तरह राजनीति हावी है। दिल्ली से बाहर भी अनेक उच्चकोटि की प्रतिभा सम्पन्न नृत्यांगनाएं हैं, किन्तु उन्हें यहां कोई नहीं बुलाता।"

नृत्य की वर्तमान स्थिति पर यह टिप्पणी सृजन की धनी संयुक्ता पाणिग्रही ने की। उन्होंने ओडिसी नृत्य को इसलिए चुना क्योंकि उनकी दृष्टि में आज से 19–20 वर्ष पहले इस नृत्य को करने वाले एकाध ही कलाकार थे। फिर उन्हें इस शैली में समर्पण का भाव अन्य नृत्य कलाओं की तुलना में कुछ अधिक लगा।

देश ही नहीं, विदेशों में भी अपनी कला से ख्याति अर्जित करने वाली संयुक्ताजी की सबसे बड़ी खूबी है–इस कला की बारीकियों की सहज प्रस्तुति।

संयुक्ताजी मानती हैं—एक नृत्याकार का रियाज़ी होना निश्चित स्तर पर पहुंचने के लिए बहुत जरूरी है। नहीं तो नृत्य में निखार आ ही नहीं सकता। इसके अलावा नए नृत्यकारों को यह भी सोचते रहना चाहिए कि वे किस भावना से इस कला को सीख रहे हैं। आज की युवा पीढ़ी दक्षता मांगती है। वह बहुत जिज्ञासु भी है। इसलिए नृत्यकार का दक्ष होना और भी ज्यादा जरूरी है।

जिस अनुपात में शास्त्रीय नृत्य लोकप्रिय हो रहे हैं, क्या उसे बढ़ाने में अकादमियां और सरकार प्रोत्साहन दे रही हैं?

माफ करिए, देश में केवल भोपाल ही ऐसी जगह है जहां कला के क्षेत्र में कुछ काम हो रहा है। उड़ीसा या दूसरे स्थानों में तो कुछ हो ही नहीं रहा है। दिल्ली का हाल मैंने आपको बता ही दिया। कुछ विश्वविद्यालय और शिक्षण संस्थाएं अवश्य हैं, जहां नृत्य पर सेमीनार होते हैं, प्रदर्शन कराए जाते हैं लेकिन कलाओं को जो संरक्षण अकादमियों और सरकारों से मिलना चाहिए, वह नहीं मिल रहा है। पता नहीं इस दिशा में जिम्मेदार लोग सोचते क्यों नहीं ?

क्या दूरदर्शन से भी प्रोत्साहन नहीं मिल रहा है?

दूरदर्शन नृत्यों के प्रचार प्रसार और लोकप्रियता की दृष्टि से सही माध्यम है। किन्तु मुझे खेद के साथ कहना पड़ता है कि इसके अधिकांश लोग संवेदनशील नहीं हैं। कला को समझने और पेश करने में संवेदनशीलता जरूरी है। उदाहरण के लिए गुरू केलुचरण महापात्र या मुझे ही ले लीजिए। हमारे नृत्य दो–दो, तीन–तीन मिनट के लिए दिखाए जाते हैं। यह कला और कलाकार का सरासर अपमान है। इससे अधिक बुरी बात और क्या हो सकती है कि अपनी मर्जी की चलाओ।

आजकल नृत्यांगनाओं की बाढ़ सी आ गई है। 6–7 महीने या अधिक से अधिक एक–डेढ़ वर्ष सीखा और मंच पर नाचने के लिए उतर गए। क्या यह प्रवृत्ति शास्त्रीय नृत्यों के मूल रूप को विकृत नहीं करती?

नृत्य एक प्रदर्शनकारी कला है। जब तक इसमें एक स्तर तक दक्षता नहीं आती, मंच पर नहीं आना चाहिए। जो लोग थोड़ा सा सीखने के बाद मंच पर आ जाते हैं वे 'तोता रटंत' की तरह कुछ चीजें जरूर दिखा देंगे,

लेकिन नृत्य नहीं कर सकेंगे। किसी का सुन्दर होना इस बात का सबूत नहीं कि उसका नृत्य भी सुन्दर होगा। रियाज़, निष्ठा, समर्पण और आत्मचिन्तन के बिना खूबसूरत नृत्य किया ही नहीं जा सकता। नृत्य को देह में उतारना होता है। यदि 'रेडीमेड' नृत्य होते रहे तो बुराइयां पनपेंगी और शास्त्रीय कलाओं को कोई लाभ नहीं मिलेगा।

नृत्य कला भी एक प्रकार से आध्यात्मिक चिन्तन है जिसे देखकर या उसकी चीजों को सुनकर शान्ति की अनुभूति होती है। नाट्यशास्त्र में नृत्य की गहरी व्याख्या की गई है। नृत्य व्यक्ति को सृजनात्मक दिशा की ओर ले जाता है। लोग यह सोचते हैं कि नृत्य से मात्र मनोरंजन होता है, यह भूल है। जब तक नृत्य से आत्मा को शान्ति न मिले, तब तक उसका होना, न होना कोई अर्थ नहीं रखता। नृत्य से समर्पण का भाव पैदा होता है और साधना का पथ प्रदर्शन होता है। समाज को आनंद की अनुभूति देने वाली कला है नृत्य।

▼ ▼ ▼

समीक्षाएं

कथक : पांच एकल नृत्य

(9, नवम्बर 1980)

नई दिल्ली के 'कमानी रंगमंच' की 22 अक्टूबर की शाम 'कथक केन्द्र' की 5 'सम्भावनाओं' की शाम थी।

जिन नृत्यांगनाओं में भविष्य की किरण दिखाई दी, वह थीं वेरोनिक अजान तथा प्रेरणा श्रीमाली। दुर्गा बच्चीराम में भी अच्छे कलाकार के सभी गुण मौजूद हैं किन्तु नृत्य–प्रस्तुति में विद्युतगति के साथ–साथ 'नियोजित' भावाभिव्यक्ति भी जरूरी है।

दो अन्य नृत्यांगनाएं मीना नन्दी और कल्याणीपाल को 'सफल प्रस्तुति' के लिए अधिक परिश्रम की जरूरत है।

बिरजू महाराज की फ्रांसीसी शिष्या वेरोनिक ने 14 मात्रा में ताल धमार को पद संचालन तथा मुद्राओं द्वारा बेहतर पेश किया किन्तु 'सरगम' पर आधारित 'कालिया दमन' में नृत्य की कोमलता और बाल सुलभ भावनाओं को अभिनय द्वारा प्रस्तुत करने में पूरी तरह वे सफल नहीं हुई।

नृत्य

कथक : पांच एकल नृत्य

नयी दिल्ली के 'कमानी रंगमंच' की 22 अक्टूबर शाम 'कथक केन्द्र' की 5 'सम्भावनाओं' की शाम थी।

जिन नृत्यांगनाओं में भविष्य की किरण दिखाई दीं वे थीं विरोनिक अजान तथा प्रेरणा श्रीमाली। दुर्गा बच्ची राम में भी अच्छे कलाकार के सभी गुण मौजूद हैं किन्तु नृत्य-प्रस्तुति में विद्युत गति के साथ-साथ 'नियोजित' भावाभिव्यक्ति भी जरूरी हैं। दो अन्य नृत्यांगनायें मीना नन्दी और

प्रेरणा श्रीमाली : श्रेष्ठ नृत्यांगना

कल्याणीपाल को 'सफल प्रस्तुति' के लिए अधिक परिश्रम की जरूरत है।

बिरजू महाराज की फ्रांसीसी शिष्या विरोनिक ने 14 मात्रा में ताल धमार को पद संचालन तथा मुद्राओं द्वारा बेहतर पेश किया किन्तु 'सरगम' पर आधारित 'कालिया दमन' में नृत्य की कोमलता और बाल सुलभ भावनाओं को अभिनय द्वारा प्रस्तुत करने में पूरी तरह सफल नहीं हुई।

जयपुर घराने के वरिष्ठ नृत्य गुरु कुन्दन लाल गंगानी की शिष्या कु. प्रेरणा श्रीमाली कथक गुरुओं तथा नृत्य समीक्षकों की नजर में इस शाम की श्रेष्ठ नृत्यांगना थी।

प्रेरणा ने 15 मात्रा की असामान्य ताल पंचम सवारी में आकर्षक तरीके से नृत्य पेश किया, वहीं राग झिंझोटी में तराना पेशकर दर्शकों से वाहवाही लूटने में कोई बाकी नहीं रखी।

—अजेन्द्र रेही

प्रेरणा श्रीमाली

जयपुर घराने के वरिष्ठ नृत्य गुरू कुन्दन लाल गंगानी की शिष्या कु. प्रेरणा श्रीमाली कथक गुरुओं तथा नृत्य समीक्षकों की नजर में इस शाम की श्रेष्ठ नृत्यांगना थीं।

प्रेरणा ने 15 मात्रा की असामान्य ताल पंचम सवारी में आकर्षक तरीके से नृत्य पेश किया, वहीं राग झिंझोटी में तराना पेशकर दर्शकों से वाहवाही लूटने में कोई कसर बाकी नहीं रखी।

नृत्य

दिल्ली में कथक मेला

चार दिवसीय महाराज बिन्दादीन कथक महोत्सव-81, पिछले हफ्ते नई दिल्ली के 'फाइन आर्ट्स थियेटर' में सम्पन्न हुआ। आधुनिक कथक के प्रवर्तक स्व. बिन्दादीन लखनऊ घराने के ऐसे नर्तक थे जिन्होंने 5 हजार से अधिक दादरा, ठुमरी, गजलों और पदों की रचना की तथा कथक को उसके शास्त्रीय परिवेश में सवारा और समाज में प्रतिष्ठित किया।

कथक केन्द्र द्वारा आयोजित इस महोत्सव ने इस शास्त्रीय नृत्य विधा के अनेक प्रतिनिधि कलाकारों की कला को देखने का मौका दिया, वहीं यह प्रश्नचिन्ह भी खड़ा कर दिया कि क्या 'कथक' अपना मूल स्वरूप खो रहा है। वैसे केन्द्र के निदेशक केशव कोठारी के अनुसार इस आयोजन का उद्देश्य देश के विभिन्न भागों में 'कथक जगत' में किये जा रहे प्रयासों, कार्यों और अपनाई जा रही नई तकनीक को दर्शकों के सामने एक मंच पर प्रस्तुत करना रहा है। केन्द्र ने इस महोत्सव में जिन कलाकारों को मंच प्रदान किया उनमें सितारा देवी, बिरजू महाराज, दमयंती जोशी, दुर्गालाल, उमिला नागर रोहिणी भाटे, उमा शर्मा जैसे ख्याति लब्ध नृत्यकारों के अलावा नाथद्वारा की 'हवेली संगीत' के कीर्तनकारों तोलाराम, राधाकृष्ण, दामोदर, श्यामलाल अयोध्या के कथावाचक प. ओंकारनाथ, राजस्थानी लोकगायक लगा भाई सद्दीक और निहाल तथा मृदंगाचार्य पुरुषोत्तम पखावजी भी हैं। नृत्य तथा वाद्य के लगभग 80 कलाकारों ने चार दिन के समारोह में भाग लिया। प्रख्यात तबला वादक जाकिर हुसैन तथा सलीम अहमद की अंगुलियों के जादुई करिश्मे ने श्रोताओं की प्रशंसा लूटने में कोई कसर नहीं छोड़ी। इसके साथ ही विजयशंकर, प्रताप और प्रिया पवार, शोवना नारायण जयन्तीमाला (शिष्या-पुत्री सितारा देवी) के नृत्य भी देखने को मिले।

केन्द्र में प्रशिक्षण ले रहे या बंबई में काम कर रहे युवा कलाकारों में से जिन्होंने अपनी प्रतिभा का परिचय दि। उनमें राममोहन, कृष्णमोहन पं रमा श्रीमाली, जयकिशन, दुर्गा बख्शीराम, कांचन शर्मा, रेणु त्रिगुणायन और निरोनिक पंजार मुख्य हैं

महोत्सव के पहले दिन 6 फरवरी को समारोह का शुभारंभ नाथद्वारा मन्दिर के कीर्तनकारों के कीर्तन से हुआ किन्तु ये कलाकार अपनी वह छाप नहीं छोड़ सके, जिनकी अपेक्षा थी। स्व शम्भू महाराज के पुत्र कृष्ण मोहन और राममोहन ने 19 व

दिल्ली में कथक मेला

(22 फरवरी, 1981)

चार दिवसीय महाराज बिन्दादीन कथक महोत्सव–1981, पिछले हफ्ते नई दिल्ली के 'फाइन आर्ट्स थियेटर' में सम्पन्न हुआ। आधुनिक कथक के प्रवर्तक स्व. बिन्दादीन लखनऊ घराने के ऐसे नर्तक थे जिन्होंने 5 हजार से अधिक दादरा, ठुमरी, गजलों और पदों की रचना की तथा कथक को उसके शास्त्रीय परिवेश में संवारा और समाज में प्रतिष्ठित किया।

कथक केन्द्र द्वारा आयोजित इस महोत्सव ने इस शास्त्रीय नृत्य विधा के अनेक प्रतिनिधि कलाकारों की कला को देखने का मौका दिया, वहीं यह प्रश्नचिह्न भी खड़ा कर दिया कि क्या 'कथक' अपना मूल स्वरूप खो रहा है। वैसे केन्द्र के निदेशक केशव कोठारी के अनुसार इस आयोजन का उद्देश्य देश के विभिन्न भागों में 'कथक जगत' में किये जा रहे प्रयासों, कार्यों और अपनाई जा रही नई तकनीक को दर्शकों के सामने एक मंच पर प्रस्तुत करना रहा है।

केन्द्र ने इस महोत्सव में जिन कलाकारों को मंच प्रदान किया उनमें सितारा देवी, बिरजू महाराज, दमयंती जोशी, दुर्गालाल, उर्मिला नागर, रोहिणी

सितारा देवी

भाटे, उमा शर्मा जैसे ख्यातिलब्ध नृत्यकारों के अलावा नाथद्वारा की 'हवेली संगीत' के कीर्त्तनकारों तोलाराम, राधाकृष्ण, दामोदर, श्यामलाल तथा अयोध्या के कथावाचक पं. ओंकारनाथ, राजस्थानी लोकगायक लंगा भाई सद्दीक और निहाल तथा मृदंगाचार्य पुरुषोत्तम पखावजी भी हैं।

नृत्य तथा वाद्य के लगभग 80 कलाकारों ने चार दिन के समारोह में भाग लिया। प्रख्यात तबला वादक ज़ाकिर हुसैन तथा लतीफ अहमद की अंगुलियों के जादुई करिश्मे ने श्रोताओं की प्रशंसा लूटने में कोई कसर नहीं छोड़ी। इसके साथ ही विजयशंकर, प्रताप और प्रिया पंवार, शोवना नारायण जयंतीमाला (शिष्या–पुत्री सितारा देवी) के नृत्य भी देखने को मिले।

केन्द्र में प्रशिक्षण ले रहे या बैले में काम कर रहे युवा कलाकारों में से जिन्होंने अपनी प्रतिभा का परिचय दिया उनमें राममोहन, कृष्णमोहन, प्रेरणा श्रीमाली, जयकिशन, दुर्गा बच्चीराम, काजल शर्मा, रेणु त्रिगुणायत और वेरोनिक अजान मुख्य हैं।

कल्याणी पाल, गीतांजलि लाल और प्रेरणा श्रीमाली 'त्रिबंदी' में

महोत्सव के पहले दिन 6 फरवरी को समारोह का शुभारंभ नाथद्वारा मन्दिर के कीर्त्तनकारों के कीर्त्तन से हुआ किन्तु ये कलाकार अपनी वह छाप नहीं छोड़ सके, जिसकी अपेक्षा थी। स्व. शम्भू महाराज के पुत्र कृष्णमोहन और राममोहन ने 19 मात्रा की ताल भ्रमण तथा वसंत पर आधारित जुगलबन्दी पेश करके घराने की प्रतिष्ठा को और बढ़ाया।

जयपुर घराने के गुरू कुन्दनलाल गंगानी ने गीतांजलि लाल, कल्याणी पाल तथा प्रेरणा श्रीमाली को लेकर "त्रिबंदी" पेश करके यह साबित कर दिया कि 'कोरियोग्राफी' की उनकी क्षमता एक विशेष अंदाज़ रखती है। तीन ताल पर आश्रित थाट, उठान, चाल और गत के द्वारा इन कलाकारों ने अपनी मेहनत का पक्का सबूत दिया किन्तु प्रेरणा ने जिस खूबसूरती से भाव, भंगिमा और मुद्राएं प्रस्तुत कीं, वह उसके भीतर बैठे 'कलाकार' की छवि को और अधिक सामने लाता है।

मंच पर पारे की तरह बिखरने और सिमटने की खूबसूरत कला यदि किसी कलाकार में है तो उसका नाम दुर्गा बच्चीराम ही है। दुर्गा और बिरजू महाराज के पुत्र जयकिशन ने जुगलबन्दी पेश करके अपनी अभिनय प्रतिभा का अच्छा परिचय दिया। इसी दिन नृत्य सम्राट बिरजू महाराज तथा विजयशंकर ने भी 'एकल नृत्य' पेश किये।

7 फरवरी की शाम बिरजू महाराज की ''लय–परिक्रमा'' के नाम ही थी जिसमें उन्होंने 'लय' पर आधारित नृत्य रचना पेश की। प्रकृति के हर अंग में 'लय' है और इसी दर्शन को नृत्य के द्वारा पेश किया शाश्वती सेन, किरन, वेरोनिक, दुर्गा, रेणु, कृष्णमोहन, राममोहन, विपलुचन्द, अशोक और नन्द किशोर कपोते ने। इसी दिन दिल्ली के दर्शकों को कई वर्षों बाद जयपुर घराने की विख्यात् नृत्यांगना दमयंती जोशी का अविस्मरणीय नृत्य देखने को मिला।

पं० दुर्गालाल

जयपुर घराने के विख्यात नर्तक दुर्गालाल 8 फरवरी के कार्यक्रम में छाये रहे। जिस सफाई और क्षमता से उन्होंने अपना नृत्य पेश किया, वह निस्संदेह उन अपेक्षाओं को मूर्त रूप देता जान पड़ता है, जो जयपुर घराने के 'नृत्य–कोष' में है।

महोत्सव के समापन की 9 फरवरी की शाम एक कड़वाहट के साथ ही समाप्त हुई जब वयोवृद्ध नृत्यांगना सितारा देवी ने नृत्य पेश करने से पहले एक नृत्य समीक्षक की मंच से कटु आलोचना की और अन्य नृत्यांगनाओं की प्रस्तुतियों की खिल्ली उड़ाई। इसमें कोई दो राय नहीं कि सितारा देवी का कथक–नृत्य के इतिहास में अपना विशिष्ट स्थान है किन्तु इस कर्म से उन्होंने वरिष्ठतम कलाकार की गरिमा को धुंधला ही किया। उनकी पुत्री–शिष्या जयंतीमाला के नृत्य में कथक कम और फिल्मी अंदाज अधिक था तथा भरतनाट्यम की मुद्राओं को नृत्य में जोड़ा गया था।

इसी दिन 'कदम्ब' की संस्थापिका और सुप्रसिद्ध नृत्यांगना कुमुदनी लाखिया की शिष्याओं ने जिस वेशभूषा और विदेशी धुनों से संयोजित तथा कथित 'कथक' पेश किया, वह उन दर्शकों के लिए रुचिकर था, जिनमें कथक के व्याकरण की समझ नहीं है।

दुर्गा बच्चीराम

गुरू पुरुषोत्तम दास के निर्देशन में प्रस्तुत 'पखावज मंडल' कार्यक्रम जहां श्रोताओं को याद रहेगा, वहीं उर्मिला नागर का 'नृत्त' भी दर्शक नहीं भूलेंगे। राजस्थानी लोक संगीत पर आधारित नृत्य प्रस्तुति में भारती गुप्ता और राममोहन कोई विशेष छाप नहीं छोड़ सके।

▼ ▼ ▼

देखने को मिला, वहीं कुमुदनी लाखिया के नये परिवेश और रचना-प्रकाश से सयोजित प्रयोग भी देखने को मिले।

यों तो शास्त्रीय-नृत्य और संगीत निश्चित सीमा-रेखाओं से बंधा-सवरा है। इस समारोह में कुछ ने वे रेखाएं तोड़ीं और कुछ ने वे मूर्त होती और विस्तार पाती मुद्राएं और रचनाएं देखीं-सुनीं जो भविष्य में सम्भव ही होंगी।

जिन नृत्य-गुरुओं ने कमानी मंच पर यादगार की धरोहर बांटी उनमें बिरजू महाराज, रोशनकुमारी, कुमुदनी लाखिया, रानी कर्णा और दुर्गालाल विशेष उल्लेखनीय हैं। एक तरह से यह ऐसा 'कत्थक-मेला' था

'अतः किम्' का एक दृश्य

...। कमानी प्रेक्षा-...गृह भरा रहा था ... पृष्ठों पर लिखे ... होकर वातावरण... ...गति के साथ ... जिनमें माधुर्य ... अभिव्यक्ति है, ... आनन्द और ... वैशिष्ट्य साम-...

...ई पीढ़ी के लिए ... जीवन होगी ... दुर्लभ होता ... सुन्दर अवसर ही ...त्थक केन्द्र द्वारा ...ोत 'कालका-... में दर्शकों ...

कत्थक-महोत्सव

नयी रचना की होड़

मालविका सरकार का अपना अलग है ... अंदाज है जो कत्थक और ... के ताने-बाने में ज्यादा बुना हुआ ... तथा नीलिमा अजीम, जिनसे उम्मी... के अनुरूप नृत्य देखने को नहीं मिल... अलबत्ता यह अवश्य लगा कि नीलिमा ... मंच पर उतरी अवश्य थीं।

कत्थक केन्द्र की ओर से प्रस्तु...

...की नृत्य रचना 'पद' में कल्याणी दास, प्रेरणा श्रीमाली, राजेन्द्र और रेणु पहाड़ी

छाया : अविनाश पसरीचा

बिपुलचन्द और शाश्वति सेन

...को मिला जो आम-...भाव बात ना यह ...क नृत्य के इति-...स्मरणीय अध्याय ...स्मरणीय इस ...रोह में प्रस्तुत की ...नयों और सरल-...

जिसमें तीन पीढ़ियों के कलाकार अपनी रचनात्मक और सृजनात्मक प्रतिभा के साथ शामिल हुए। जहां शंभु और कल्याण महल जैसे बुजुर्ग और बीते हुए कल की पीढ़ी तथा पुरानी शैली के कलाकार थे, वहीं नयी पीढ़ी की प्रतिभाओं में शाश्वती सेन,

'नायिका' नृत्य-संरचना, महोत्सव ...

कथक–महोत्सव
नयी रचना की होड़

(28 फरवरी, 1982)

नई दिल्ली का कमानी ऑडिटोरियम। ऐसा लग रहा था जैसे कथक–इतिहास के पृष्ठों पर लिखी गई इबारत ने जीवंत होकर वातावरण में लय, ताल और गति के साथ एक ऐसी सृष्टि रच दी, जिसमें माधुर्य से परिपूर्ण भावों की अभिव्यक्ति है, और है चमत्कारिक आनन्द और असीम उल्लास का बेमिसाल सामंजस्य।

यह सच है कि नई पीढ़ी के लिए इतिहास के पृष्ठों की जीवंत होती रेखाएं पढ़ने का मौका दुर्लभ होता जा रहा है। यह एक सुखद अवसर ही था जब दिल्ली के कथक केन्द्र द्वारा आयोजित चार दिवसीय "कालका–बिन्दादीन महोत्सव" में दर्शकों को वह सब देखने को मिला जो आमतौर पर दुर्लभ है। खास बात तो यह है कि समारोह कथक नृत्य के इतिहास का एक अविस्मरणीय अध्याय बन गया। अविस्मरणीय इसलिए कि इस समारोह में प्रस्तुत की गई कला–अभिव्यक्तियों और संरचनाओं ने उन सभी मान्यताओं को

कुन्दनलाल गंगानी की नृत्य रचना 'पद' में
कल्याणी पाल, प्रेरणा श्रीमाली, राजेन्द्र और रेणु पहाड़ी

ठुकरा दिया, जिनमें कथक को बोझिल व्याकरण और जड़ता वाला नृत्य कहा गया है। अब यह कहने में कोई संकोच नहीं है कि कथक उत्तर भारत की ही नहीं बल्कि 'भारतीय शास्त्रीय नृत्य' में एक ऐसी नृत्य–शैली है, जिसमें कहने और करने के लिए खुला आसमान है। और है संवेदनाओं को रूप तथा आकार देने की क्षमता।

इस समारोह की यही विशेषता थी कि एक ओर 66 वर्षीय बर्मन लाल जैसे बुजुर्ग कला–साधक द्वारा लोक–नाट्य शैली में पेश किया गया कथक देखने को मिला, वहीं कुमुदिनी लाखिया के नये परिवेश और ध्वनि–प्रकाश से संयोजित प्रयोग भी देखने को मिले।

यों तो शास्त्रीय–नृत्य और संगीत निश्चित सीमा–रेखाओं से बंधा–संवरा है। इस समारोह में कुछ ने वे रेखाएं तोड़ीं और कुछ ने वे मूर्त होती और विस्तार पाती मुद्राएं और रचनाएं देखी–सुनीं जो भविष्य में असंभव ही होतीं।

जिन नृत्य–गुरुओं ने कमानी मंच पर यादगार धरोहर बांटी उनमें बिरजू महाराज, रोशन कुमारी, कुमुदिनी लाखिया, रानी कर्णा और दुर्गालाल विशेष उल्लेखनीय हैं। एक तरह से यह ऐसा 'कथक–मेला' था जिसमें तीन पीढ़ियों के कलाकार अपनी रचनात्मक और सृजनात्मक प्रतिभा के साथ शामिल हुए। जहां बर्मन और कल्याण महंत जैसे बुजुर्ग और बीते हुए कल

बर्मन लाल

की पीढ़ी तथा पुरानी शैली के कलाकार थे, वहीं नई पीढ़ी की प्रतिभाओं में शाश्वती सेन, कपिला राज, गीतांजलि लाल, कृष्ण मोहन, राम मोहन और शशि गोयल, उभरती हुई प्रतिभाओं में अदिति मंगलदास, प्रेरणा श्रीमाली, दुर्गा बच्चीराम, वेरोनिक अज़ान, कल्याणीपाल, भूषण लखान्द्री, राजेन्द्र कुमार गंगानी, किरण शर्मा, हरीश रावत, काजल शर्मा, निगार बानू और हिमानी आगस्कर तथा जिनमें संभावनाओं के बिम्ब देखे जा सकते हैं उनमें रानी और मालती रावत को भुलाया नहीं जा सकता।

पं. दुर्गालालः छन्दोगति के रचनाकार

मालविका सरकार का अपना अलग ही अंदाज़ है जो कथक कम और ग्लैमर के ताने–बाने में ज्यादा बुना हुआ है तथा नीलिमा अज़ीम, जिनसे उम्मीद के अनुरूप नृत्य देखने को नहीं मिला, अलबत्ता यह अवश्य लगा कि नीलिमा मंच पर उतरीं अवश्य थीं।

कथक केन्द्र की ओर से प्रस्तुत 'नायिका' नृत्य–संरचना, महोत्सव की सबसे सफलतम रचना मानी गई। इसका नृत्य–संगीत बिरजू महाराज ने तैयार किया था। सफलतम इसलिए कि 'रस' को समझकर दर्शकों और श्रोताओं को उनकी सहज सौन्दर्यानुभूति करा देना एक कठिन काम है। इसलिए भी कि सौन्दर्य की अनुभूति वस्तुगत भी है और आत्मगत भी....। और बिरजू महाराज ने आत्मगत सौंदर्य को ''नायिका'' में उंडेलकर दर्शकों को उसमें आत्मसात कर दिया।

शाश्वती सेन ने अभिसारिका और गीतांजलि लाल ने खंडिता नायिका की भूमिका को बखूबी जीया और पेश किया। इस रचना की

परिकल्पना का श्रेय केन्द्र के निदेशक केशव कोठारी को ही है। नायिकाओं की सखियों की भूमिका कल्याणीपाल, प्रेरणा श्रीमाली, किरन शर्मा, वेरोनिक अज़ान और रेणु पहाड़ी द्वारा बखूबी निभाई गई, वहीं राममोहन और विपुलचन्द्र दास भी नृत्य की गणित और भाषा को पूरी तरह समझ–समझा गये।

दूसरी उल्लेखनीय प्रस्तुति थी श्रीराम भारतीय कला केन्द्र की 'छंदोगति'। इसकी नृत्य–रचना और संगीत तैयार किया दुर्गालाल ने। दुर्गालाल अपने फन के ऐसे कलाकार हैं जिनमें भविष्य के सक्षम रचनाकार की सभी संभावनाएं कूट–कूट कर भरी हैं। तभी तो वे 'छंदोगति' में तबला, पखावज, तासा, तबला–तरंग और नक्कारा के साथ प्रस्तुत नृत्य–छंद को उमंग और उल्लास की अभिव्यक्ति के रूप में न केवल आकर्षक बना पाये बल्कि लोक वाद्यों का सफल प्रयोग करने का सेहरा भी बंधवा गये। इस रचना में दुर्गालाल, भूषण लखान्द्री, हरीश रावत और राजेन्द्र कुमार गंगानी ने शानदार 'नृत्त' दिखाया।

नवीन प्रयोगों का आरम्भिक नाम कुमुदिनी लाखिया है। कथक–गणित के सूत्रों को बदलकर आज के जीवन की भाषा में बांधने की कला, उनकी सबसे बड़ी उपलब्धि है। 'अतः किम्' उनकी उसी मानसिकता का परिचायक भी है। यह नृत्य–रचना जहां मान्यताओं से जुड़े कतिपय कला–रसिकों को अटपटी लग सकती है वहीं विषयवस्तु में गुंथे वाद्यों की ध्वनियों और संवेदनाओं की समझ रखने वालों को बेमिसाल लगेगी। ''अतः किम्'' आज के जीवन की दिशाहीनता को शास्त्रीय नृत्य में बांधने का दुःसाहस भी कहा जा सकता है। अगर मुहावरे सटीक अर्थ न दें तो वे अपना जीवन–तत्व खो देते हैं, लेकिन उसे सही रूप और अंदाज़ में पेश करने में 'कदम्ब (अहमदाबाद)' के कलाकार अदिति मंगलदास, शुभा, दर्शिनी देशाई, सोनल निमिष, दक्षा सेठ, संध्या देसाई और मौलिक शाह सफल रहे हैं।

इसके अलावा दो और नृत्य रचनाएं गुरू कुन्दनलाल गंगानी की 'पद' और मुन्नालाल शुक्ला की ''त्राटक'' भी अच्छी मानी गई। इन रचनाओं में भी नये प्रयोग किये गये। जैसे गुरू गंगानी ने राजस्थानी लोकगायक लंगा मांगणिहार सिद्दीक और निहाल के सहयोग से जो संगीत दिया और नृत्य बांधा उसमें प्रेरणा श्रीमाली, रेणु पहाड़ी, कल्याणी पाल और राजेन्द्र गंगानी अच्छा काम कर गये। यह नृत्य रचना मीरा के तीन पदों, जिनमें से एक उल्लेखनीय था 'कान्हूड़ो न जाने म्हारी प्रीत' पर आधारित थी, जिसने भावों

रानी कर्णा

के अनुरूप प्रभाव छोड़ा। इसी प्रकार योग–मुद्राओं को कथक में जोड़ कर पेश किया गुरू मुन्नालाल शुक्ला ने "त्राटक" में। यह रचना एक प्रकार की स्तुति कही जा सकती है जिसमें व्यक्ति भौतिक जगत से आध्यात्मिक–संसार

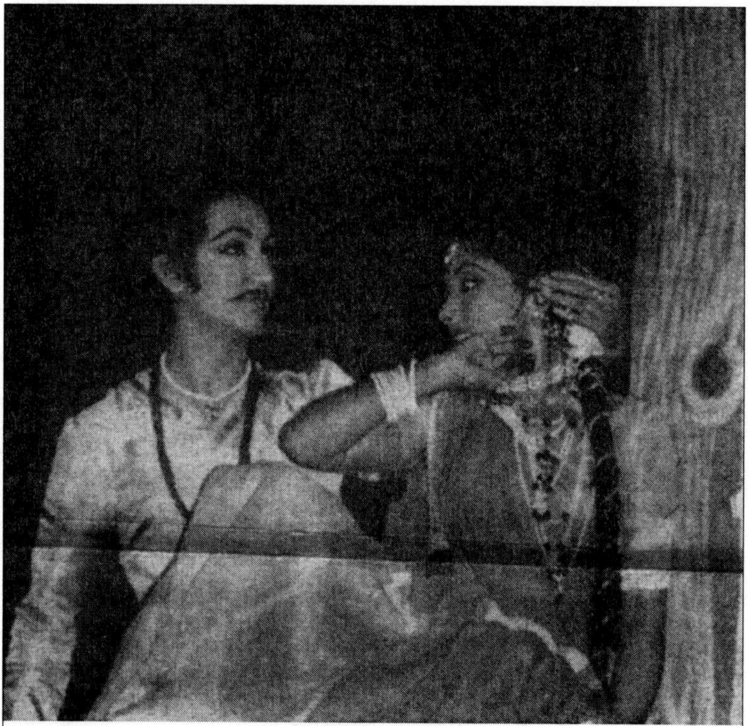

विपुलचन्द और शाश्वती सेन 'नायिका' में

की ओर बढ़ने को लालायित है। नीलिमा अज़ीम, प्रेरणा, रेणु, हरविन्दर ओबेराय और दुर्गाबच्चीराम ने इसमें भाग लिया।

समारोह में दर्शकों को कुर्सी से बांधे रखने वाली जुगलबंदी पेश की विख्यात नृत्यांगना रोशन कुमारी की शिष्याओं निगार बानू और हिमानी ने। रोशन कुमारी का नृत्य आज भी एक खास अंदाज़ और अदा रखता है। उनमें जो कुछ रचा–बसा है, वही उनकी शिष्याओं में संस्कार बीज के रूप में फूट रहा है। वस्तुतः ऐसा नृत्य बहुत कम देखने को मिलता है। इसलिए कि उसमें उद्दाम किन्तु उदात्त लय दर्शकों को बांधकर रख देती है। दोनों किशोरी नृत्यांगनाएं उछाल में महारथ हासिल कर रही हैं और चक्कर उनकी अकल्पनीय खूबी हैं। कुमुदनी लाखिया की शिष्याओं में संवरापन और सादगी है तथा दक्षासेठ और अदिति मंगलदास ने उसे पूरी तरह निभाया है।

बिरजू महाराज के निर्देशन में तैयार कथक केन्द्र की 'लय परिक्रमा' पहले सराही गई अच्छी नृत्य–रचना है, जिसमें 'लय' को ब्रह्माण्ड की विकास–यात्रा के रूप में दिखाने का प्रयास किया गया है। यहां मैं अगर अमरीका में रह रहे भारतीय नृत्यकार चित्रेशदास की चर्चा न करूं तो कथक इतिहास का एक पृष्ठ पढ़े बिना रह जायेगा। यह अलग बात है कि पश्चिमी नृत्य संगीत से सराबोर चित्रेशदास ने अपनी शिष्याओं के साथ कथक को भी अपने ही अन्दाज में पेश किया किंतु वह ठीक उसी तरह लगा जैसे कोई रोटी को छुरी–कांटे से खाने की कोशिश करे।

एकल नृत्य में रानी कर्णा अभी भी उतनी ही सक्षम दिखाई दीं, जितनी कि कुछ वर्षों पूर्व थीं। सूरदास के पद पर उनकी नृत्य प्रस्तुति दर्शकों को खूब पसन्द आई। जयपुर की शशि गोयल ने भी बेहतरीन नृत्य पेश किया।

महोत्सव का समापन किया बिरजू महाराज ने बिना घुंघरू बांधे और बैठकर ठुमरी भाव के प्रदर्शन से। कला समीक्षक और सिद्ध कथककार इस बात को स्वीकार कर चुके हैं कि भावों की सम्प्रेषणीयता और मुद्राओं की संरचना जैसी बिरजू महाराज करते हैं, वैसा कोई और नहीं कर सकता। जिस सहज और अकल्पनीय अन्दाज़ में उन्होंने भाव दिखाया वह अविस्मरणीय महाकाव्य कहा जा सकता है।

▼ ▼ ▼

नृत्य के माध्यम से खेलों की अभिव्यक्ति

(25, नवम्बर 1982)

दिल्ली के सबसे विशाल रंगमंच 'एशियाड सेंटर' में गत सोमवार को नृत्य के माध्यम से खेलों की अभिव्यक्ति हुई जिसकी कोरियोग्राफी बिरजू महाराज ने प्रस्तुत की। यह बेजोड़ और चमत्कारिक कही जा सकती है।

उन्होंने कथक केन्द्र के 24 कलाकारों और 10 संगतिकारों के सहयोग से परम्परागत भारतीय खेलों–चौपड़, कबड्डी, रस्साकशी और खो–खो को ताल, लय और छंद में इस तरह बांधा कि दर्शकों को वे खेल सहज ही समझ आ गए।

तालवाद्यों का प्रयोग प्रमुखता से किया गया था। तबला तरंग पर स्वयं बिरजू महाराज थे। केवल चौपड़ रचना इकताल, झपताल और रूपक में निबद्ध थी, शेष सभी तीन ताल में।

चूंकि यह नृत्य बैले जैसा था, इसलिए कलाकारों के लिए अलग रंगों की वेशभूषा ही इस्तेमाल की जानी चाहिए थी। बावजूद इस कमी के यह

नृत्य के माध्यम से खेलों की अभिव्यक्ति

25.11.82

दिल्ली के सबसे विशाल रंगमंच 'एशियाड सेंटर' में गत सोमवार को नृत्य के माध्यम से खेलों की अभिव्यक्ति हुई जिसकी कोरियोग्राफी बिरजू महाराज ने प्रस्तुत की। यह बेजोड़ और चमत्कारिक कही जा सकती है।

उन्होंने कथक केन्द्र के २४ कलाकारों और १० संगीतकारों के सहयोग से परम्परागत भारतीय खेलों—चोपड़ कबड्डी, रस्साकशी और खोखो को ताल, लय और छंद में इस तरह बांधा कि दर्शकों को वह खेल सहज ही समझ आ गये। तालवाद्यों का प्रयोग प्रमुखता से किया गया था। तबला तरंग पर स्वयं बिरजू महाराज थे। केवल चोपड़ रचना इकताल, झपताल और रूपक में निबद्ध थी, शेष सभी तीन ताल में।

चूंकि यह नृत्य बैले जैसा था, इसलिए कलाकारों के लिए अलग रंगों की वेशभूषा ही इस्तेमाल की जानी चाहिए थी। बावजूद इस कमी के यह बखूबी कहा जा सकता है कि विदेशी बैले विद्या को भारतीय शास्त्रीय नृत्य में उतारने की खूबसूरती जैसी बिरजू महाराज में है वैसी फिलहाल किसी अन्य नृत्यकार में दिखायी नहीं देती।

—बृजेन्द्र रेही

बिरजू महाराज

बखूबी कहा जा सकता है कि विदेशी बैले विधा को भारतीय शास्त्रीय नृत्य में उतारने की खूबसूरती जैसी बिरजू महाराज में है वैसी फिलहाल किसी अन्य नृत्यकार में दिखाई नहीं देती।

नृत्य

कत्थक की ७५ वर्षीय नृत्यांगना

दिल्ली के रंगमंचों पर इस सप्ताह कत्थक की नयी प्रतिभाओं को जहां अपनी कला-साधना का परिचय देने का अवसर मिला, वहीं सम्मानित कलाकारों ने भी अपने सृजन आयाम को और अधिक विस्तार दिया।

इस सप्ताह की सबसे उल्लेखनीय प्रस्तुति थी बनारस की वयोवृद्ध नृत्यांगना अलखनन्दा देवी (७५ वर्ष) का नृत्य-प्रदर्शन। आज से आधी शताब्दी पहले तीन बहिनें कत्थक-मंच पर सर्वाधिक लोकप्रिय थीं—अलखनन्दा देवी, तारा देवी और सितारा देवी।

मंगलवार 'आइफेक्स' हाल में 'कलाकुंज' की ओर से आयोजित सांस्कृतिक कार्यक्रम के दौरान अलखनन्दा देवी ने जब अपना नृत्य प्रस्तुत किया तो दर्शक उन्हें देखकर सकते में आ गये। उनकी सलामी का तरीका, भाव-भंगिमाएं और अंग-विन्यास आज के कत्थक से अलग था। चेहरे पर झुर्रियों की जवानी और कदमों में ढहते हुए खंडहर की गूंज, पर हौंसले की बुलन्दी ने वह समां बांधा कि 'कन्हैयाजी कैसा जादू भरा' ठुमरी देख-सुन कर दर्शकों के सामने पचास वर्ष पुराने नृत्य-बिम्ब उभर आये।

इसी कार्यक्रम में नयी पीढ़ी की सशक्त नृत्यांगना दुर्गा बख्चीराम ने आकर्षक नृत्य पेश किया। इनके साथ तबले पर संगति की दिल्ली के एक प्रतिभासम्पन्न युवक तबलावादक सुभाष निर्वाण ने।

गुरुवार को कमानी आडिटोरियम में प्रसिद्ध नृत्यांगना उमा शर्मा और उनके शिष्यों ने नृत्य प्रस्तुत किया। भारतीय पर्यटन विकास निगम के तत्वावधान में आयोजित इस कार्यक्रम में नृत्य की शुरुआत रासलीला से हुई जिसमें कृष्ण की सराहनीय भूमिका निभाई नन्दकिशोर कपोते ने। बाद में उमाजी ने विख्यात कवि डा. हरिवंशराय बच्चन की 'मधुशाला' के कुछ पदों पर तराना पेश किया। सभी प्रस्तुतियां शानदार थीं। इनके साथ पखावज और पढ़ंत कर रहे थे जयपुर घराने के विख्यात नृत्याचार्य स्व. नारायण प्रसाद के पुत्र पं. तुलसी नारायण।

शुक्रवार को प्रगति मैदान के 'फलकनुमा' मंच पर नयी पीढ़ी की चर्चित नृत्यांगना प्रेरणा श्रीमाली और राजेन्द्र गंगानी ने मनोहारी नृत्य प्रस्तुत कर दर्शकों को बांधे रखा। उनके साथ जयकुमार उर्फ फतह सिंह गंगानी ने भी अच्छा प्रदर्शन किया। ये जयपुर घराने के नृत्य गुरु पं. कुन्दनलाल गंगानी के शिष्य हैं।

—ब्रजेन्द्र रेही

कथक की 75 वर्षीय नृत्यांगना

(28, नवम्बर 1982)

दिल्ली के रंगमंचों पर इस सप्ताह कथक की नई प्रतिभाओं को जहां अपनी कला–साधना का परिचय देने का अवसर मिला, वहीं सम्मानित कलाकारों ने भी अपने सृजन आयाम को और अधिक विस्तार दिया।

इस सप्ताह की सबसे उल्लेखनीय प्रस्तुति थी बनारस की वयोवृद्ध नृत्यांगना अलखनन्दा देवी (75 वर्ष) का नृत्य–प्रदर्शन। आज से आधी शताब्दी पहले तीन बहनें कथक–मंच पर सर्वाधिक लोकप्रिय थीं–अलखनन्दा देवी, तारा देवी और सितारा देवी।

मंगलवार 'आइफेक्स' हाल में 'कलाकुंज' की ओर से आयोजित सांस्कृतिक कार्यक्रम के दौरान अलखनन्दा देवी ने जब अपना नृत्य प्रस्तुत किया तो दर्शक उन्हें देखकर सकते में आ गए। उनकी सलामी का तरीका, भाव–भंगिमाएं और अंग–विन्यास आज के कथक से अलग था।

चेहरे पर झुर्रियों की जवानी और कदमों में ढहते हुए खंडहर की गूंज, पर हौंसले की बुलन्दी ने वह समां बांधा कि 'कन्हैयाजी कैसा जादू भरा'

अलखनन्दा देवी

ठुमरी देख–सुन कर दर्शकों के सामने पचास वर्ष पुराने नृत्य–बिम्ब उभर आए।

इसी कार्यक्रम में नई पीढ़ी की सशक्त नृत्यांगना दुर्गा बच्चीराम ने आकर्षक नृत्य पेश किया। इनके साथ तबले पर संगति की दिल्ली के एक प्रतिभासम्पन्न युवक तबलावादक सुभाष निर्वाण ने।

गुरूवार को कमानी ऑडिटोरियम में प्रसिद्ध नृत्यांगना उमा शर्मा और उनके शिष्यों ने नृत्य प्रस्तुत किया। भारतीय पर्यटन विकास निगम के तत्वावधान में आयोजित इस कार्यक्रम में नृत्य की शुरूआत रासलीला से हुई जिसमें कृष्ण की सराहनीय भूमिका निभाई नन्दकिशोर कपोते ने। बाद में उमाजी ने विख्यात कवि डॉ. हरिवशंराय बच्चन की 'मधुशाला' के कुछ पदों पर तराना पेश किया।

सभी प्रस्तुतियां शानदार थीं। इनके साथ पखावज और पढ़ंत कर रहे थे जयपुर घराने के विख्यात नृत्याचार्य स्व. नारायण प्रसाद के पुत्र पं० तुलसी नारायण।

शुक्रवार को प्रगति मैदान के 'फलकनुमा' मंच पर नई पीढ़ी की चर्चित नृत्यांगना प्रेरणा श्रीमाली और राजेन्द्र गंगानी ने मनोहारी नृत्य प्रस्तुत कर दर्शकों को बांधे रखा। उनके साथ जयकुमार उर्फ फतह सिंह गंगानी ने भी अच्छा प्रदर्शन किया। यह जयपुर घराने के नृत्य गुरू पं० कुन्दनलाल गंगानी के शिष्य हैं।

▼ ▼ ▼

नृत्य

दुर्गालाल की 'नृत्त' प्रस्तुति

शुद्ध 'नृत्त' और दुर्गा लाल एक-दूसरे के पर्याय हो गये हैं। उनके 'भाव' में भी 'नृत्य के बजाय 'नृत्त का दबदबा अधिक रहता है।

यहीं कुछ देखने को मिला सोमवार की शाम प्रगति मैदान के 'शाकुन्तलम्' थियेटर में यशस्वी कथक नर्तक पं. दुर्गालाल के नृत्य में।

पं. दुर्गालाल दो दशक से भी अधिक समय से नृत्य-मंच पर अपनी कला के इन्द्रधनुष को बुन रहे हैं। किन्तु अभी भी उनमें माधुर्य की महक नहीं, उल्लास और उमंग की चमक अधिक है। उन्होंने कुछ उठाने, आमद, परणें, तोड़े-टुकड़े और लड़ी पेश करके दर्शकों को तेज गति और चमक से बांधे रखा। तैंतीस चक्कर की आमद और थाट में उड़ान-चक्कर से चमक तो जरूर दिखाई दी किन्तु सौन्दर्य की अनुभूति नहीं हुई। यूं उन्होंने तीन ताल ही अधिक नाची।

'शरण गये को कौन उबारयो' भजन पर भाव पेश करते समय वे रौद्र और वीर रस को सहजता और आकर्षक तरीके से पेश कर गये किन्तु करुण और शान्त रस के प्रवाह को पकड़ नहीं पाये। शफ़ात अहमद के तबले के साथ उनकी जुगल बंदी बहुत ही आकर्षक थी।

—ब्रिजेन्द्र रेही

दुर्गालाल की 'नृत्त' प्रस्तुति

(3 दिसंबर, 1982)

शुद्ध 'नृत्त' और दुर्गालाल एक–दूसरे के पर्याय हो गए हैं। उनके 'भाव' में भी 'नृत्य' के बजाय 'नृत्त' का दबदबा अधिक रहता है।

यही कुछ देखने को मिला सोमवार की शाम प्रगति मैदान के 'शाकुन्तलम्' थियेटर में यशस्वी कथक नर्तक पं० दुर्गालाल के नृत्य में।

पं० दुर्गालाल दो दशक से भी अधिक समय से नृत्य–मंच पर अपनी कला के इन्द्र धनुष को बुन रहे हैं किन्तु अभी भी उनमें माधुर्य की महक नहीं, उल्लास और उमंग की चमक अधिक है। उन्होंने कुछ उठाने, आमद, परणें, तोड़े–टुकड़े और लड़ी पेश करके दर्शकों को तेज गति और चमक से बांधे रखा। तैंतीस चक्कर की आमद और थाट में उड़ान–चक्कर से चमक तो जरूर दिखाई दी किन्तु सौन्दर्य की अनुभूति नहीं हुई। यूं उन्होंने तीन ताल ही अधिक नाची।

'शरण गये को कौन उबार्यो' भजन पर भाव पेश करते समय वे रौद्र और वीर रस की सहजता और आकर्षक तरीके से पेश कर गए किन्तु करुण

नृत्य प्रस्तुत करते हुए पं० दुर्गालाल

और शान्त रस के प्रवाह को पकड़ नहीं पाए। शफात अहमद के तबले के साथ उनकी जुगलबंदी बहुत ही आकर्षक थी।

स्वप्नसुंदरी का अभिनव नृत्य

(31 दिसम्बर 1982)

गत शुक्रवार को 'संकेत' के तत्वावधान में कमानी ऑडिटोरियम में कुचिपुड़ी की शीर्ष नृत्यांगना स्वप्नसुंदरी ने अभिनव आकर्षण और यादगार नृत्य पेश करके यह दिखा दिया कि कुचिपुड़ी शैली में वे सभी संभावनाएं मौजूद हैं, जो अन्य दक्षिण भारतीय शास्त्रीय नृत्य शैलियों में हैं।

निस्संदेह स्वप्नसुंदरी मौलिक सूझबूझ की कल्पनाशील नृत्यांगना हैं तथा अपनी अनेक नृत्य–रचनाओं और नृत्य–संयोजन (कोरियोग्राफी) से यह उन्होंने साबित भी किया है। नृत्य का आंरभ उन्होंने गणेश–स्तुति से किया, जिसमें गणपति के नृत्याभिनय को खूबसूरती से पेश किया। राग बसंत तथा आदि ताल में निबद्ध 'जतीश्वरम्' उनकी 'शुद्ध नृत्य' रचना थी।

उषा–अनिरुद्ध कथा में मुग्धा नायिका उषा के मनोभावों को अभिनय, अदा और अंदाज से पेश किया वहीं खण्डिता नायिका के 'स्वभाव' को भिन्न–भिन्न मुद्राओं, गतियों से पेश करके दर्शकों को चमत्कृत कर दिया।

स्वप्नसुंदरी का अभिनव नृत्य

गत शुक्रवार को 'संकेत' के तत्वावधान में कमानी ऑडिटोरियम में कुचिपुड़ी की शीर्ष नृत्यांगना स्वप्नसुंदरी ने अभिनय, आकर्षण और यादगार नृत्य पेंश करके यह दिखा दिया कि कुचिपड़ि शैली में वे सभी संभावनाएं मौजूद हैं, जो अन्य दक्षिण भारतीय शास्त्रीय नृत्य शैलियों में हैं।

निस्संदेह स्वप्नसुंदरी मौलिक सूझबूझ की धनी, कल्पनाशील नृत्यांगना हैं तथा अपनी अनेक नृत्य-रचनाओं और नृत्य-संयोजन (कोरियोग्राफी) में यह उन्होंने साबित भी किया है।

नृत्य का आरंभ उन्होंने गणेश-स्तुति से किया, जिसमें गणपति

—स्वप्न सुन्दरी—

के नृत्याभिनय को खूबसूरती से पेंश किया। राग बंसत तथा आदि ताल में निबद्ध 'जतीस्वरम्' उनकी 'शुद्ध नृत्य' रचना थी। उषा-अनिरुद्ध कथा में मुग्धा नायिका उषा के मनोभावों को अभिनय अदा और अंदाज से पेश किया वहीं खण्डिता नायिका के 'स्वभाव' को भिन्न-भिन्न मुद्राओं, गतियों से पेश करके दर्शकों को चमत्कृत कर

नृत्य

दिया। स्वाधीनपतिया नायिका की श्रृंगारिक भावों और कामोद्दीपक भंगिमाओं को नजर बांध लेने वाली प्रस्तुति में नृत्यांगना की बड़ी-बड़ी आंखों की भूमिका बेजोड़ थी।

महाकवि सूरदास के पद "सखा सहित गए माखन चोरी" वात्सल्य रस प्रधान रचना को कुचिपुड़ी शैली में पेश करना आसान नहीं था। कृष्ण, यशोदा और गोपियों की आंगिक चेष्टाओं, मनोभावों आदि को न केवल संवरे रूप में बल्कि सटीक ढंग से पेश करके उन्होंने श्रेष्ठ नृत्य रचनाकार की छाप छोड़ी। विख्यात तमिल कवि सुब्रमण्यम भारती की रचना 'कालीनटनम्' अपने आप में आकर्षक प्रस्तुति थी।

इनके साथ श्रीमती हेमलता के सुमधुर गायन को कभी नहीं भुलाया जा सकता। वे दिल्ली की एकमात्र ऐसी गायिका हैं जो उत्तर भारतीय तथा दक्षिण भारतीय नृत्य शैलियों की नृत्यांगनाओं और नृत्यकारों के साथ गाती हैं। प्रभा रामास्वामी (वीणा), अय्यप्पन (मृदंगम्) चक्रपाणी (वायलिन) की संगति भी शानदार थी।

—ब्रजेन्द्र रेही

स्वप्नसुंदरी

स्वाधीनपतिका नायिका के श्रृंगारिक भावों और कामोद्दीपक भंगिमाओं की नजर बांध लेने वाली प्रस्तुति में नृत्यांगना की बड़ी–बड़ी आंखों की भूमिका बेजोड़ थी।

महाकवि सूरदास के पद ''सखा सहित गए माखन चोरी'' वात्सल्य रस प्रधान रचना को कुचिपुड़ी शैली में पेश करना आसान नहीं था। कृष्ण, यशोदा और गोपियों की आंगिक चेष्टाओं, मनोभावों आदि को न केवल संवरे रूप में बल्कि सटीक ढंग से पेश करके उन्होंने श्रेष्ठ नृत्य रचनाकार की छाप छोड़ी। विख्यात तमिल कवि सुब्रमण्यम् भारती की रचना 'कालीनटनम्' अपने आप में आकर्षक प्रस्तुति थी।

इनके साथ श्रीमती हेमलता के सुमधुर गायन को कभी नहीं भुलाया जा सकता। वे दिल्ली की एकमात्र ऐसी गायिका हैं जो उत्तर भारतीय तथा दक्षिण भारतीय नृत्य शैलियों की नृत्यांगनाओं और नृत्यकारों के साथ गाती हैं। प्रभा रामास्वामी (वीणा), अय्यप्पन (मृदंगम्) चक्रपाणी (वायलिन) की संगति भी शानदार थी।

नृत्य

कत्थक : शैलियों के अभिनव बिम्ब

पिछले तीन-चार वर्षों में कत्थक के परम्परागत घरानेदारों और सृजनशील नृत्यकारों ने रूढ़िगत व्याकरण की परिधि से बाहर जाकर सार्थक प्रयास शुरू किये हैं। इसकी प्रतीति 'कथक केन्द्र' द्वारा आयोजित 'महाराज बिन्दादीन कथक महोत्सव' में प्रस्तुत नृत्य रचनाओं और 'सोलो' प्रस्तुतियों से की जा सकती है। स्पष्टतः अब यह कहा जा सकता है कि कथक नृत्य शैलियों के अभिनव बिम्ब के रूप में अपना प्रभा-मंडल विकसित कर रहा है।

महोत्सव के पहले दिन १६ फरवरी को प्रसिद्ध नृत्यांगना श्रीमती रोहिणी भाटे के निर्देशन में तैयार 'ऋतु संहार' नृत्य रचना प्रस्तुत की गयी। कत्थक के कठिन व्याकरण को ग्रीष्म, वर्षा और वसंत के द्वारा सहज और सरल अंदाज में पेश करके उन्होंने एक उत्कृष्ट 'नृत्य-संरचना' की छाप छोड़ी है। नाट्य अंगों के समावेश ने प्रस्तुति को अधिक ग्राह्य बना दिया।

इस नृत्य रचना में कृष्ण मोहन, सम्मोहन, विपुल, तीरथ, जयकिशन, अशोक, सास्वती, गीतांजलि, अदीति, कल्याणी, प्रेरणा, मालती और विरोनिक ने भाग लिया। सरगम तैयार की थी गुलाम गौस खान ने। मंच सज्जा और प्रकाश संयोजन भी दृश्यानुकूल था।

लखनऊ घराने की विरोनिक अजान और जयपुर घराने की प्रेरणा श्रीमाली ने प्रभावशाली 'जुगलबन्दी' पेश की। दोनों प्रतिभा संपन्न नृत्यांगनाएं हैं और अपनी-अपनी तकनीक की बारीकी को पेश करने में माहिर भी हैं। प्रेरणा के नृत्य में लय और मुद्राओं का आकर्षक संगम है तो विरोनिक जोश के साथ अपनी चीजें पेश करने में विश्वास रखती है। इसीलिए उसके नृत्य में चौंधिया देने वाली 'चमक' है। प्रेरणा के साथ गोविन्दप्रसाद चक्रवर्ती और विरोनिक के साथ सुभाष निर्वाण ने तबले पर कर्णप्रिय संगत की।

कुशल नर्तक दुर्गालाल का नृत्य निःसंदेह एक यादगार नृत्य माना जायेगा। उन्होंने शिव वन्दना की। उनके नृत्य की विशिष्टता थी चार ताल वाद्यों तबला, पखावज, खंजरी और मृदंगम् के बोलों पर नृत्य। यह एक अभिनव प्रयोग था, जिसमें दक्षिण भारतीय वाद्य 'मृदंगम्' का उपयोग किया गया। उनका यह प्रयोग सफल रहा।

विख्यात नृत्याचार्य बिरजू महाराज के निर्देशन में तैयार 'घुंघरू तरंग' नृत्य रचना में कत्थक की विशिष्ट मधुरिमा थी.

इसी दिन शोवना नारायण ने गुरु स्व. लच्छू महाराज की कुछ चीजें पेश कीं। उनके नृत्य में एक ऐसी चमक है जो कम कत्थक कलाकारों के पास है।

— ब्रजेन्द्र रेही

कथक : शैलियों के अभिनव बिम्ब

(22 फरवरी 1983)

पिछले तीन–चार वर्षों में कथक के परम्परागत घरानेदारों और सृजनशील नृत्यकारों ने रूढ़िगत व्याकरण की परिधि से बाहर जाकर सार्थक प्रयास शुरू किए हैं। इसकी प्रतीति 'कथक केन्द्र' द्वारा आयोजित 'महाराज बिन्दादीन कथक महोत्सव' में प्रस्तुत नृत्य रचनाओं और 'सोलो' प्रस्तुतियों से की जा सकती है। स्पष्टतः जब यह कहा जा सकता है कि कथक नृत्य शैलियों के अभिनव बिम्ब के रूप में अपना प्रभा–मंडल विकसित कर रहा है।

महोत्सव के पहले दिन 16 फरवरी को प्रसिद्ध नृत्यांगना श्रीमती रोहिणी भाटे के निर्देशन में तैयार 'ऋतु संहार' नृत्य रचना प्रस्तुत की गई। कथक के कठिन व्याकरण को ग्रीष्म, वर्षा और बसंत के द्वारा सहज और सरल अंदाज में पेश करके उन्होंने एक उत्कृष्ट 'नृत्य–संरचना' की छाप छोड़ी है। नाट्य अंगों के समावेश ने प्रस्तुति को अधिक ग्राह्य बना दिया।

इस नृत्य रचना में कृष्ण मोहन, राम मोहन, विपुल, तीरथ, जयकिशन, अशोक, शाश्वती, गीतांजलि, अदिति, कल्याणी, प्रेरणा, मालती और वेरोनिक ने भाग लिया। सरगम तैयार की थी गुलाम गौस खान ने। मंच सज्जा और प्रकाश संयोजन भी दृश्यानुकूल था।

लखनऊ घराने की वेरोनिक अजान और जयपुर घराने की प्रेरणा श्रीमाली ने प्रभावशाली 'जुगलबन्दी' पेश की। दोनों प्रतिभा संपन्न नृत्यांगनाएं हैं और अपनी–अपनी तकनीक की बारीकी को पेश करने में माहिर भी हैं। प्रेरणा के नृत्य में लय और मुद्राओं का आकर्षक संगम है तो वेरोनिक जोश के साथ अपनी चीजें पेश करने में विश्वास रखती हैं। इसीलिए उसके नृत्य में चौंधिया देने वाली चमक है। प्रेरणा के साथ गोविन्द प्रसाद चक्रवर्ती और वेरोनिक के साथ सुभाष निर्वाण ने तबले पर कर्णप्रिय संगति की।

कुशल नर्तक दुर्गालाल का नृत्य निःसंदेह एक यादगार नृत्य माना जाएगा। उन्होंने शिव वन्दना की। उनके नृत्य की विशेषता थी चार ताल वाद्यों तबला, पखावज, खंजरी और मृदंगम् के बोलों पर नृत्य। यह एक अभिनव प्रयोग था, जिसमें दक्षिण भारतीय वाद्य 'मृदंगम्' का उपयोग किया गया। उनका यह प्रयोग सफल रहा।

विख्यात नृत्याचार्य बिरजू महाराज के निर्देशन में तैयार 'घुंघरू तरंग' नृत्य रचना में कथक की विशिष्ट मधुरिमा थी।

इसी दिन शोवना नारायण ने भी अपनी शिष्याओं के साथ नृत्य किया, वहीं श्रीमती रेवा विद्यार्थी द्वारा निर्देशित 'तराना' नृत्य रचना भी पेश की गई।

17 फरवरी को बिरजू महाराज के निर्देशन में प्रस्तुत 'नृत्य केलि' एक प्रभावशाली नृत्त रचना थी, जिसमें नृत्य के द्वारा कबड्डी, खो–खो और चौपड़ जैसे खेलों को पेश किया गया। निस्संदेह यह बेजोड़ नृत्य रचना है। नीलिमा अजीम और राममोहन की जुगलबन्दी भी अधिक प्रभाव नहीं छोड़ सकी। हां, राममोहन, नई पीढ़ी के ऐसे नर्तक हैं, जिनमें प्रचुर भावनाएं हैं। यह नृत्य संयोजन गुरू मुन्नालाल शुक्ल ने किया था।

बिरजू महाराज द्वारा निर्देशित एक अन्य प्रस्तुति थी 'त्रिपदी' इसमें कल्याणी पाल ने नृत्य किया।

लखनऊ की कुमकुम धर ने अपने गुरू स्व. लच्छू महाराज की कुछ चीजें पेश कीं। उनके नृत्य में एक ऐसी चमक है जो कम कथक कलाकारों के पास है।

▼ ▼ ▼

दुर्गालाल का कथक

(6 दिसंबर, 1983)

जयपुर घराने के कथक नर्तक पं० दुर्गालाल, नृत्य–सम्राट बिरजू महाराज के बाद देश–विदेश में सर्वाधिक लोकप्रिय नृत्यकार हैं। पिछले दिनों 'न्यू आर्टिस्ट फोरम' द्वारा कमानी ऑडिटोरियम में आयोजित नृत्य–संगीत कार्यक्रम में उन्होंने जो नृत्य पेश किया, उसमें कई विशेषताएं देखने को मिलीं।

नृत्य की शुरूआत उन्होंने उठानों से की। बाद में थाट, थाट में चालें, लड़ी और चक्करदार आमद पेश की। उठानें सामान्यतः जयपुर घराने के नृत्यकार इतना नहीं नाचते, जितना दुर्गालाल नाचते हैं। इसमें एक पैर से चक्कर लेने में तो इन्हें महारत हासिल है। शून्य में हवा को तेजी से चीरते हुए हस्तक से बिम्ब पर बिम्ब बनाना दुर्गालाल की अपनी विशेषता है।

प्रतिभाशाली और अपने फन के माहिर तबलावादक शफात अहमद के साथ इनकी जुगलबन्दी आकर्षक थी। दुर्गालाल ने नृत्य की समाप्ति 'आमद' से की, जो असामान्य बात है। इसलिए कि कथक–नृत्य में नृत्य की समाप्ति भाव–पक्ष या द्रुतलय से किए जाने की परम्परा रही है। नृत्यकार को

नृत्य

दुर्गालाल का कथक

जयपुर घराने के कथक नर्तक पं. दुर्गालाल, नृत्य-सम्राट बिरजू महाराज के बाद देश-विदेश में सर्वाधिक लोकप्रिय नृत्यकार हैं। पिछले दिनों 'न्यू आर्टिस्ट फोरम' द्वारा कमानी आडिटोरियम में आयोजित नृत्य-संगीत कार्यक्रम में उन्होंने जो नृत्य पेश किया, उसमें फिर कई विशेषताएं देखने को मिलीं।

नृत्य की शुरूआत उन्होंने उठानों से की। बाद में ठाठ, ठाठ में चालें, लड़ी और चक्करदार आमद पेश की। उठानें सामान्यतः जयपुर घराने के नृत्यकार इतना नहीं नाचते, जितना दुर्गालाल नाचते हैं। इसमें एक पैर से चक्कर लेने में तो इन्हें महारत हासिल है। शून्य में हवा को तेजी से चीरते हुए हस्तक से बिम्ब पर बिम्ब बनाना दुर्गालाल की अपनी विशेषता है।

प्रतिभाशाली और अपने फन के माहिर तबलावादक शफात अहमद के साथ इनकी जुगलबन्दी आकर्षक थी। दुर्गालाल ने नृत्य की समाप्ति 'आमद' से की, जो असामान्य बात है। इसलिए कि कथक-नृत्य में नृत्य की समाप्ति भाव-पक्ष या द्रुतलय से किए जाने की परंपरा रही है। नृत्यकार को यह जरूर बताना चाहिए कि वे कथक के परंपरागत क्रम की बजाए, अलग क्रम से क्यों नाचते हैं?

दुर्गालाल के नृत्य की सबसे बड़ी विशेषता है उनका पद-विन्यास चमत्कारिक चक्कर और द्रुत लय में प्रस्तुत चीजें। इस कार्यक्रम में भी इन्होंने तेजी और तैयारी ही अधिक दिखायी।

दुर्गालाल के साथ तबले पर शफात अहमद, सितार पर मसलूफ खां तथा पखावज पर तनिल पटेल ने प्रशंसनीय संगति की।

इसी कार्यक्रम में पं. दुर्गालाल के शिष्य-वृन्द राखी धीर और जय ने क्रमशः दशावतार तथा तराना पेश किया। इन कलाकारों का नृत्य संतोषजनक ही था। इन कलाकारों के साथ गायन पर ज्वालाप्रसाद ने संगति की।

—ब्रजेन्द्र रेही

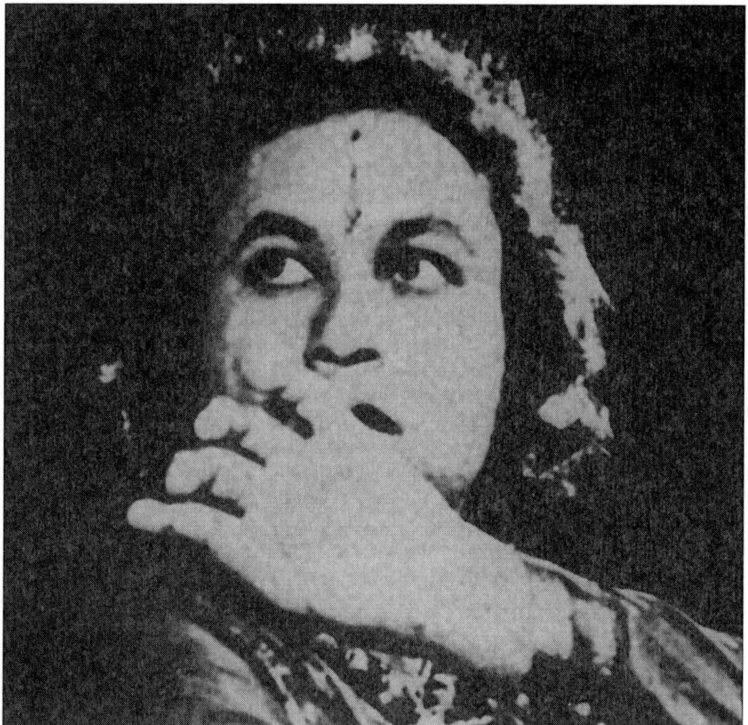

पं० दुर्गालाल

यह जरूर बताना चाहिए कि वे कथक के परम्परागत क्रम की बजाय, अलग क्रम से क्यों नाचते हैं?

दुर्गालाल के नृत्य की सबसे बड़ी विशेषता है उनका पद–विन्यास, चमत्कारिक चक्कर और द्रुत लय में प्रस्तुत चीजें। इस कार्यक्रम में भी इन्होंने तेजी और तैयारी ही अधिक दिखाई।

दुर्गालाल के साथ तबले पर शफात अहमद, सितार पर मतलूफ खां तथा पखावज पर तनिल पटेल ने प्रशंसनीय संगति की।

इसी कार्यक्रम में प० दुर्गालाल ने शिष्य–वृन्द राखी धीर और जय ने क्रमशः दशावतार तथा तराना पेश किया। इन कलाकारों का नृत्य संतोषजनक ही था। इन कलाकारों के साथ गायन पर ज्वालाप्रसाद ने संगति की।

▼ ▼ ▼

राममोहन और वेरोनिक का कथन

लखनऊ घराने के महान कथक आचार्य स्व. शंभू महाराज के कनिष्ठ पुत्र राममोहन एक प्रतिभाशाली नृत्यकार हैं। बुधवार की शाम श्रीराम सेंटर में 'इन्टरनेशनल फाइन आर्ट सोसायटी आफ इंडिया' के तत्वावधान में आयोजित कार्यक्रम में उन्होंने नृत्य-कौशल की अच्छी छाप छोड़ी।

राममोहन के नृत्य की खूबी हैं, आकर्षक और चुम्बकीय अंग संचालन तथा कोमल और पैनी भंगिमाएं। उन्होंने अपने नृत्य का शुभारम्भ पाठ से किया, जिसमें गर्दन, कलाई और नयन का अंदाज बहुत ही लुभावना था। यूं यह खूबी नृत्याचार्य बिरजू महाराज में हैं, और उनकी कला-साधना को छूने के लिए राममोहन को कठिन रियाज करना पड़ेगा।

इसके बाद राममोहन ने कुछ तोड़े-टुकड़े, परणें और जुगलबंदी दिखाई। बाद में महाराज बिन्दादीन के पद 'शेषफन डगमगे' पर भाव भी किया। पैरों की सफाई स्पष्ट थी और पद के बोलों पर भाव भी दिखाई दे रहे थे। हालांकि राममोहन से भावों की प्रस्तुति में और अधिक गहरायी की अपेक्षा थी।

कार्यक्रम का समापन फ्रांस में जन्मी और ६ वर्ष की उम्र से भारत में रहकर कथक की शिक्षा ले रही नृत्यांगना वेरोनिक अजान के साथ तराना से हुआ। तराना में संगतिकारों के साथ तालमेल का अभाव साफ झलक रहा था, लेकिन प्रस्तुति दर्शकों को बांधे रखने में सफल रही।

इससे पूर्व दोनों कलाकारों ने वंदना की। बाद में वेरोनिक ने भी तोड़े, टुकड़े, परणें और महाराज बिन्दादीन रचित ठुमरी 'जाने दे मौका, सुनो सजनवा' पर भाव किया।

जहां तक वेरोनिक के अंग और तैयारी का सवाल है, वह प्रशंसनीय है, इसलिए कि पद-विन्यास बहुत सधा हुआ है। पैरों से तबले के बोल साफ-साफ निकलते हैं। 'सम' पर बनने वाली मुद्रा मूर्तिवत लगती है, जो अपने आप में एक खूबी है। हां, भावों की अभिव्यक्ति में मेहनत की जरूरत है। क्योंकि किसी भी नर्तकी के लिए तेजी और तैयारी ही नहीं, 'लास्य' भी, नृत्य की खूबसूरती के लिए जरूरी होता है।

इस कार्यक्रम का एक कमजोर पक्ष तबलावादक शमीम खां की संगति रही जबकि रामलखन (पखावज), हरिशंकर राय (गायन) शमी खां (सरोद) ने सुमधुर संगति की। राममोहन के साथ उनके बड़े भाई कुशल नर्तक कृष्णमोहन ने आकर्षक और संयत पढ़ंत की।

—ब्रजेन्द्र रेही

राममोहन और वेरोनिक का कथक

(17 दिसंबर, 1983)

लखनऊ घराने के महान कथक आचार्य स्व० शंभू महाराज के कनिष्ठ पुत्र राममोहन एक प्रतिभाशाली नृत्यकार हैं। बुधवार की शाम श्रीराम सेंटर में 'इन्टरनेशनल फाइन आर्ट सोसायटी ऑफ इंडिया' के तत्वावधान में आयोजित कार्यक्रम में उन्होंने नृत्य–कौशल की अच्छी छाप छोड़ी।

राममोहन के नृत्य की खूबी है, आकर्षक और चुम्बकीय अंग संचालन तथा कोमल और पैनी भंगिमाएं। उन्होंने अपने नृत्य का शुभारम्भ थाट से किया, जिसमें गर्दन, कलाई और नयन का अंदाज बहुत ही लुभावना था। यूं यह खूबी नृत्याचार्य बिरजू महाराज में है, और उनकी कला–साधना को छूने के लिए राममोहन को कठिन रियाज करना पड़ेगा।

इसके बाद राममोहन ने कुछ तोड़े–टुकड़े, परणें और जुगलबंदी दिखाई। बाद में महाराज बिन्दादीन के पद 'शेषफन डगमगे' पर भाव भी किया। पैरों की सफाई स्पष्ट थी और पद के बोलों पर भाव भी दिखाई दे रहे थे। हालांकि राममोहन से भावों की प्रस्तुति में और अधिक गहराई की अपेक्षा थी।

राममोहन और वेरोनिक अजान

कार्यक्रम का समापन फ्रांस में जन्मी और 6 वर्ष की उम्र से भारत में रहकर कथक की शिक्षा ले रही नृत्यांगना वेरोनिक अजान के साथ तराना से हुआ। तराना में संगतिकारों के साथ तालमेल का अभाव साफ झलक रहा था, लेकिन प्रस्तुति दर्शकों को बांधे रखने में सफल रही।

इससे पूर्व दोनों कलाकारों ने वंदना की। बाद में वेरोनिक ने भी तोड़े, टुकड़े, परणें और महाराज बिन्दादीन रचित ठुमरी 'जाने दे मैका, सुनों सजनवा' पर भाव किया।

जहां तक वेरोनिक के अंग और तैयारी का सवाल है, वह प्रशंसनीय है, इसलिए कि पद–विन्यास बहुत सधा हुआ है। पैरों से तबले के बोल साफ–साफ निकलते हैं। 'सम' पर बनने वाली मुद्रा मूर्तिवत लगती है, जो अपने आप में एक खूबी है। हां, भावों की अभिव्यक्ति में मेहनत की जरूरत है। क्योंकि किसी भी नर्तकी के लिए तेजी और तैयारी ही नहीं, 'लास्य' भी नृत्य की खूबसूरती के लिए जरूरी होता है।

इस कार्यक्रम का एक कमजोर पक्ष तबलावादक शमीम खां की संगति रही जबकि रामलखन (पखावज), हरिशंकर राय (गायन), शमी खां (सरोद) ने सुमधुर संगति की। राममोहन के साथ उनके बड़े भाई कुशल नर्तक कृष्णमोहन ने आकर्षक और संयत पढ़ंत की।

राजेन्द्र और प्रेरणा की आकर्षक प्रस्तुति

(28 दिसम्बर 1983)

चतुरंग संगीत अकादमी की ओर से गुरूवार को श्रीराम सेंटर में आयोजित कार्यक्रम में जयपुर घराने के सुप्रसिद्ध नृत्याचार्य पं० कुन्दन लाल गंगानी के शिष्यों प्रेरणा श्रीमाली और राजेन्द्र गंगानी ने स्तरीय नृत्य प्रस्तुत करके दर्शकों से खूब वाहवाही ली।

दोनों प्रतिभा सम्पन्न युवा कलाकारों ने कथक के व्याकरण को खूबसूरती से पेश किया। इनकी सभी प्रस्तुतियां तीन ताल में निबद्ध थीं। नृत्य की शुरूआत पंचदेव स्तुति से की। राजेन्द्र ने नृत्य वंदना की जबकि प्रेरणा ने छंद के रूप में सरस्वती वंदना। हस्तक, तैयारी और लयकारी अच्छी थी।

इनके साथ तबले पर गोविन्द चक्रवर्ती, जयकुमार गंगानी (पखावज), इशाक खां (सारंगी) तथा बलराम शर्मा (सितार) ने संगति की। स्वर दिया हीरालाल ने।

इससे पूर्व युवा गुरू किशन कुमार के शिष्यों कु. सोमी नंदी, रुनझुन सकलानी ने कथक नृत्य किया वहीं मास्टर जयदीप नंदी ने तबला और गिटार

राजेन्द्र और प्रेरणा की आकर्षक प्रस्तुति

चतुरंग संगीत अकादेमी की ओर से गुरुवार को श्रीराम सेंटर में आयोजित कार्यक्रम में जयपुर घराने के सुप्रसिद्ध नृत्याचार्य पं. कुन्दन लाल गंगानी के शिष्यों प्रेरणा श्रीमाली और राजेन्द्र कुमार गंगानी ने शास्त्रीय नृत्य प्रस्तुत करके दर्शकों से खूब वाहवाही ली।

दोनों प्रतिभा सम्पन्न युवा कलाकारों ने कथक के व्याकरण को खूबसूरती से पेश किया। इनकी सभी प्रस्तुतियां तीन ताल में निबद्ध थीं। नृत्य की शुरुआत पंच-

नृत्य 28/12/83

देव स्तुति से की। राजेन्द्र ने नृत्य वंदना की जबकि प्रेरणा ने छंद के रूप में सरस्वती वंदना। हस्तक, तैयारी और लयकारी अच्छी थी।

इनके साथ तबले पर गोविन्द चक्रवर्ती, जयकुमार गंगानी (परवावज), इशाक खां (सारंगी) तथा बलराम शर्मा (सितार) ने संगति की। स्वर दिया हीरालाल ने।

इससे पूर्व युवा गुरु किशन कुमार के शिष्यों कु. सोमी नंदी, रुनझुन सकलानी ने कथक नृत्य किया वहीं मास्टर जयदीप नंदी ने तबला और गिटार बजाया। ये किशोर कलाकार अभी शिक्षा ले रहे हैं और अपरिपक्व स्थिति में मंच पर पेश करना कला के साथ न्याय नहीं कहा जा सकता। यह ठीक है कि किशनकुमार शिक्षण में मेहनत कर रहे हैं।

बुधवार को कमानी आडिटोरियम में 'जयन्तिका' की ओर से आयोजित कार्यक्रम में दो विदेशी कलाकारों मार्था गिल इलियास (ओडिसी और कथक) तथा मार्लिन बोस (कथक) ने नृत्य प्रस्तुत किये। मार्था जो अब मेनका के नाम से जानी जाती हैं, अर्जेन्टिना की हैं जबकि मार्लिन गुयाना की।

—बृजेन्द्र रेही

प्रेरणा श्रीमाली और राजेन्द्र गंगानी

बजाया। ये किशोर कलाकार अभी शिक्षा ले रहे हैं और अपरिपक्व स्थिति में मंच पर पेश करना कला के साथ न्याय नहीं कहा जा सकता। यह ठीक है कि किशन कुमार शिक्षण में मेहनत कर रहे हैं।

बुधवार को कमानी ऑडिटोरियम में 'जयन्तिका' की ओर से आयोजित कार्यक्रम में दो विदेशी कलाकारों मार्था गिल एरियास (ओडिसी और कथक) ने नृत्य प्रस्तुत किए। मार्था जो अब मेनका के नाम से जानी जाती हैं, अर्जेन्टीना की हैं जबकि मार्लिन गुयाना की।

कथक और ओडिसी नृत्य की मनोहारी शाम

(8 जनवरी, 1984)

कथक की जानी–पहचानी नृत्यांगना शोवना नारायण ने 'यूनिवर्सिटी वीमेन्स एसोसिएशन ऑफ दिल्ली' द्वारा पिछले दिनों कमानी ऑडिटोरियम में आयोजित 'शास्त्रीय नृत्य की एक शाम' कार्यक्रम में शफात अहमद जैसे सुविख्यात तबलावादक की संगति में नृत्य की शुरुआत विष्णु वंदना से की। बाद में कथक का व्याकरण, मसलन तोड़े, टुकड़े, परणें, आमद आदि पेश करके दर्शकों को बांधे रखने का प्रयास किया लेकिन नृत्यांगना को सफलता मिली राष्ट्रकवि मैथिलीशरण गुप्त की रचना 'सखि वे मुझसे कहकर जाते' पर प्रस्तुत नृत्याभिनय से।

इस प्रस्तुति को एक उपलब्धि माना जा सकता है। इसमें वे गौतम की पत्नी यशोधरा और पुत्र राहुल की व्यथा को यथार्थपूर्ण मनोभावों से पेश कर सकीं। इस भावाभिनय के बाद नृत्यांगना ने न जाने क्यों व्याकरण–पक्ष को पुनः पेश किया।

नृत्य

कथक और ओडिसी नृत्य की मनोहारी शाम

कथक की जानी-पहचानी नृत्यांगना शोवना नारायण ने 'यूनिवर्सिटी वीमेन्स एसोसिएशन आफ दिल्ली' द्वारा पिछले दिनों कमानी आडिटोरियम में आयोजित 'शास्त्रीय नृत्य की एक शाम' कार्यक्रम में शफात अहमद जैसे सुविख्यात तबलावादक की संगति में नृत्य की शुरुआत विष्णु वंदना से की। बाद में कथक का व्याकरण, मसलन तोड़े, टुकड़े, परणें, आमद आदि पेश करके दर्शकों को बांधे रखने का प्रयास किया लेकिन नृत्यांगना को सफलता मिली राष्ट्रकवि मैथिलीशरण गुप्त की रचना 'सखि वे मुझसे कहकर जाते' पर प्रस्तुत नृत्याभिनय से । इस प्रस्तुति को एक उपलब्धि माना जा सकता है। इसमें वे गौतम की पत्नी यशोधरा और पुत्र राहुल की व्यथा को यथार्थपूर्ण मनोभावों से पेश कर सकीं। इस भावाभिनय के बाद नृत्यांगना ने न जाने क्यों व्याकरण - पक्ष को पुन: पेश किया।

संगतिकारों में तबलावादक शफात अहमद का योगदान तो आनन्ददायी था ही, किन्तु ज्वाला-प्रसाद (गायन), रामलखन यादव (पढंत तथा पखावज), शमी खां (सरोद) तथा एम. एम. खान (सितार) का सहयोग भी प्रशंसनीय था।

कथक से पूर्व ओडिसी की युवा नृत्यांगना आर. पार्वती ने मनोरम नृत्य प्रस्तुत करके दर्शकों से खूब प्रशंसा ली। राग हंसध्वनि में 'पल्लवी' लयात्मक प्रस्तुति थी तो दशावतार आकर्षक। इस नृत्य-कार्यक्रम की एक खूबी प्रतिभावान संगतिकारों का योगदान भी थी । गुरु हरेकृष्ण बहेरा स्वयं नृत्य-संचालन कर रहे थे।

तबला कार्यक्रम

दिल्ली के प्रतिभावान युवा तबलावादक सुभाष निर्वाण के तबला वादन का कार्यक्रम २७ जनवरी को श्रीराम सेंटर में हुआ। श्री सुभाष दिल्ली घराने के उन युवा तबला वादकों में हैं, जिनकी पहचान बिल्कुल अलग है।

लगभग डेढ़ घंटे तक श्रोता तबला सुनते रहे। हाथों की सफाई प्रशंसनीय थी। दूसरे घरानों के कायदों को खूबसूरती से पेश करके उसने अपने रियाज की धाक जमायी। उनके साथ हारमोनियम पर कथक गुरु [illegible]

संगतिकारों में तबलावादक शफात अहमद का योगदान तो आनन्ददायी था ही, किन्तु ज्वाला प्रसाद (गायन), रामलखन यादव (पढ़ंत तथा पखावज), शमी खां (सरोद) तथा एम.एम. खान (सितार) का सहयोग भी प्रशंसनीय था।

शोवना नारायण

कथक से पूर्व ओडिसी की युवा नृत्यांगना आर. पार्वती ने मनोरम नृत्य प्रस्तुत करके दर्शकों से खूब प्रशंसा ली। राग हंसध्वनि में 'पल्लवी' लयात्मक प्रस्तुति थी तो दशावतार आकर्षक। इस नृत्य–कार्यक्रम की एक खूबी प्रतिभावान संगतिकारों का योगदान भी थी। गुरू हरे कृष्ण बहेरा स्वयं नृत्य–संचालन कर रहे थे।

तबला कार्यक्रम

दिल्ली के प्रतिभावान युवा तबलावादक सुभाष निर्वाण के तबला वादन का कार्यक्रम 27 जनवरी को श्रीराम सेंटर में हुआ। सुभाष दिल्ली घराने के उन युवा तबला वादकों में हैं, जिनकी पहचान बिल्कुल अलग है।

लगभग डेढ़ घंटे तक श्रोता तबला सुनते रहे। हाथों की सफाई प्रशंसनीय थी। दूसरे घरानों के कायदों को खूबसूरती से पेश करके उन्होंने अपने रियाज की धाक जमाई। उनके साथ हारमोनियम पर कथक गुरू मुन्नालाल शुक्ल और सारंगी पर बाबूलाल ने मधुर संगति की।

नृत्य

उमा शर्मा का चुम्बकीय नृत्य

खचाखच भरे 'कमानी आडि-टोरियम' में १८ जनवरी को कोई डेढ़ घंटे तक दर्शक चुम्बकीय आकर्षण से बंधे रहे। इस दिन एक बहुचर्चित किन्तु विवादास्पद नृत्यांगना ने अपनी प्रतिभा से दर्शकों का आनन्ददायक साक्षात्कार कराया था।

यह नृत्यांगना थीं उमा शर्मा। वे कथक के लखनऊ और जयपुर घराने के नृत्याचार्य स्व. शंभु महाराज और स्व. सुन्दर प्रसाद की उन शिष्याओं में से है, जो परिश्रम के सहारे प्रसिद्धि के आकाश में 'मौलिक - प्रतिभा' की किरण खोजने में सफल हो गई। उमा शर्मा के लिए आगे का पथ अब अधिक दुर्गम है क्योंकि दर्शकों की उनसे और अधिक अच्छा देखने की अपेक्षा बढ़ गई है।

उन्होंने अपने नृत्य की शुरुआत नाथद्वारा के विख्यात और वयोवृद्ध पखावज वादक श्री पुरुषोत्तम जी से सीखी परणों से की थी। 'पंचदेव स्तुति' एक अच्छी प्रस्तुति थी, जिससे दर्शकों को सुखद अनुभूति हुई।

उमा शर्मा ने वासकसज्जा, अभिसारिका और खंडिता नायिकाओं के हाव - भाव, भंगिमाओं और संवेगों को इस खूबी और अंदाज से पेश किया कि दर्शक उन्हें बहुत दिनों तक याद रखेंगे। इसमें भी महाराज बिन्दादीन की ठुमरी 'काहे को मोरे घर आए' की प्रस्तुति में तो उन्होंने उन ऊंचाइयों को छूने की कोशिश की है, जिसमें नृत्य - सम्राट बिरजू महाराज को ही महारथ हासिल है।

यह अलग बात है कि जहां कथक के भाव पक्ष को वे खूबसूरती से पेश कर गईं, वहीं विख्यात तबलावादक पं. सामता प्रसाद जी के साथ जुगल बंदी और कथक के पारम्परिक व्याकरण की प्रस्तुति उतनी प्रभावशाली नहीं बन पाई।

उमा शर्मा ने नृत्य का समापन गालिब के शेरों और बच्चन की मधुशाला की कुछ पंक्तियों पर आधारित नृत्याभिनय से किया।

संगीतकारों में तुलसी नारायण (पखावज और पढ़ंत) तथा ज्वालाप्रसाद और बशीर अहमद (गायन) की संगति शानदार थी।

—बृजेन्द्र रेही

उमा शर्मा का चुम्बकीय नृत्य

(24 जनवरी, 1984)

खचाखच भरे 'कमानी ऑडिटोरियम' में 18 जनवरी को कोई डेढ़ घंटे तक दर्शक चुम्बकीय आकर्षण से बंधे रहे। इस दिन एक बहुचर्चित किन्तु विवादास्पद नृत्यांगना ने अपनी प्रतिभा से दर्शकों का आनन्ददायक साक्षात्कार कराया था।

यह नृत्यांगना थीं उमा शर्मा। वे कथक के लखनऊ और जयपुर घराने के नृत्याचार्य स्व० शंभू महाराज और स्व० सुन्दर प्रसाद की उन शिष्याओं में से हैं, जो परिश्रम के सहारे प्रसिद्धि के आकाश में 'मौलिक–प्रतिभा' की किरण खोजने में सफल हो गईं। उमा शर्मा के लिए आगे का पथ अब अधिक दुर्गम है क्योंकि दर्शकों की उनसे और अधिक अच्छा देखने की अपेक्षा बढ़ गई है।

उन्होंने अपने नृत्य की शुरूआत नाथद्वारा के विख्यात और वयोवृद्ध पखावज वादक श्री पुरुषोत्तम जी से सीखी परणों से की थी। 'पंचदेव स्तुति' एक अच्छी प्रस्तुति थी, जिससे दर्शकों को सुखद अनुभूति हुई।

उमा शर्मा

उमा शर्मा ने वासकसज्जा, अभिसारिका और खंडिता नायिकाओं के हाव–भाव, भंगिमाओं और संवेगों को इस खूबी और अंदाज से पेश किया कि दर्शक उन्हें बहुत दिनों तक याद रखेंगे। इसमें भी महाराज बिन्दादीन की ठुमरी 'काहे को मेरे घर आए' की प्रस्तुति में तो उन्होंने उन ऊंचाइयों को छूने की कोशिश की है, जिसमें नृत्य–सम्राट बिरजू महाराज को ही महारथ हासिल है।

यह अलग बात है कि जहां कथक के भाव पक्ष को वे खूबसूरती से पेश कर गईं, वहीं विख्यात तबलावादक पं० सामता प्रसाद जी के साथ जुगलबंदी और कथक के पारम्परिक व्याकरण की प्रस्तुति उतनी प्रभावशाली नहीं बन पाई।

उमा शर्मा ने नृत्य का समापन गालिब के शेरों और बच्चन की 'मधुशाला' की कुछ पंक्तियों पर आधारित नृत्याभिनय से किया।

संगीतिकारों में तुलसी नारायण (पखावज और पढ़ंत) तथा ज्वालाप्रसाद और बशीर अहमद (गायन) की संगति शानदार थी।

दुर्गालाल और शाश्वती की शानदार प्रस्तुति

(14 फरवरी, 1984)

कथक केन्द्र द्वारा आयोजित 'महाराज कालका बिन्दादीन नृत्य महोत्सव' में गुरूवार और शुक्रवार को हुए नृत्य कार्यक्रमों में सुप्रसिद्ध नर्तक पं० दुर्गालाल और प्रतिभा सम्पन्न नृत्यांगना शाश्वती सेन ने अपने नृत्य–कौशल का शानदार परिचय दिया।

दुर्गालाल के नृत्य में मौलिक और अभिनव नर्तक के भरपूर गुण हैं। उनकी भंगिमाएं, मुद्राएं और आकृतियां तराशी गई खूबसूरत मूर्तिवत् लगती हैं। उन्होंने परणें, परण आमद, उठाने और गणेश परण पेश कीं। पदविन्यास चमत्कारिक और आकर्षक था।

गुरूवार को ही वरिष्ठ नृत्यांगना रोहिणी भाटे (पूना) की नृत्य–रचना 'मंडल–कीर्तन' पेश की गई। यह एक सुरुचिपूर्ण प्रस्तुति थी। लेकिन उनकी 'उषा–सूक्त' नृत्य–रचना में रचनाकार की परिकल्पना अधिक सशक्त रूप में सामने आई। संस्कृत के श्लोकों पर नृत्यांगनाओं ने आकर्षक अंगानिभय किया।

नृत्य

दुर्गालाल और सास्वती की शानदार प्रस्तुति

कथक केन्द्र द्वारा आयोजित 'महराज कालका बिन्दादीन नृत्य महोत्सव' में गुरुवार और शुक्रवार को हुए नृत्य कार्यक्रमों में सुप्रसिद्ध नर्तक पं. दुर्गालाल और प्रतिभा सम्पन्न नृत्यप्राना सास्वती सेन ने अपने नृत्य-कौशल का शानदार परिचय दिया।

दुर्गालाल के नृत्य में मौलिक और अभिनव नर्तक के भरपूर गुण हैं। उनकी भंगिमाएं, मुद्राएं और आकृतियां तराशी गयी खूबसूरत मूर्तिवत् लगती हैं। उन्होंने परणें, परण आमद, उठानें और गणेश परण पेश कीं। पदविन्यास चमत्कारिक और आकर्षक था।

गुरुवार को ही वरिष्ठ नृत्यांगना रोहिणी भाटे (पूना) की नृत्य-रचना 'मंडल-कीर्तन' पेश की गयी। यह एक सुरुचिपूर्ण प्रस्तुति थी। लेकिन उनकी 'उषा-सूक्त' नृत्य-रचना में रचनाकार की परिकल्पना अधिक सशक्त रूप में सामने आयी। संस्कृत के श्लोकों पर नृत्यांगनाओं ने आकर्षक अंगाभिनय किया।

इसी दिन चेतना जालान (कलकत्ता) शोभा कौंसर (चंडीगढ़) और नीलिमा अजीम (दिल्ली) ने भी 'सोलो' किया।

शुक्रवार की शानदार प्रस्तुति थी सास्वती सेन का एकल नृत्य। उन्होंने खूब तैयार नृत्य किया। अमूर्त में १६ मात्राओं के समय-चक्र को रासमंडली के रूप में दर्शाया गया। इसमें 'सम' को कृष्ण और अन्य १५ मात्राओं को गोपियां बताया गया। गोपियां, कृष्ण यानी 'सम' को पकड़ने (आने) की कोशिश करती रहीं लेकिन 'सम' भ्रम ही रहा। अंत में वे कृष्ण को पाने में सफल रहीं यानी 'सम' पर आ गयीं। कथक व्याकरण की यह उत्कृष्ट प्रस्तुति थी। उन्होंने ठुमरी पर मनोहारी भावाभिनय किया।

विख्यात नृत्य-रचनाकार कुमुदिनी लाखिया (अहमदाबाद) की 'युगल' नृत्य-रचना एक बेहतरीन और अभिनव प्रस्तुति थी। इसमें अर्जुन मिश्रा और दक्षा सेठ ने नृत्य किया। अर्जुन मिश्रा के चक्कर और पैरों का काम बहुत ही अच्छा था। इस नृत्य रचना में गति और अगति को अमूर्त रूप में पेश किया गया।

पांच मल्हार रागों देस, सूरदासी, मीयां, गौड़ और मेघ मल्हार पर आधारित गुरु कुन्दनलाल गंगानी की नृत्य-रचना 'पंच मल्हारिका' में सभी रागों को मूर्त रूप देने की कोशिश की गयी। इसमें पांच नृत्यकारों ने भाग लिया। मन्नूलाल शुक्ला की नृत्य रचना 'संगम' में 'सागर और सरिता' के अमूर्त रूप को सतीश शुक्ला और चन्द्रप्रभा ने संतोषजनक ढंग से पेश किया। 'गुरु शिष्य धर्म' में उमा शर्मा के शिष्यों ने रास पर आधारित नृत्य किया। यह भी अपने प्रकार की नवीन और प्रशंसनीय प्रस्तुति थी। इसी दिन बिरजू महाराज के पुत्र जयकिशन ने तीन ताल में शानदार नृत्य किया।

—ब्रजेन्द्र रेही

पं० दुर्गालाल

इसी दिन चेतना जालान (कलकत्ता), शोभा कौसर (चंडीगढ़) और नीलिमा अजीम (दिल्ली) ने भी 'सोलो' किया।

शाश्वती सेन

शुक्रवार की शानदार प्रस्तुति थी शाश्वती सेन का एकल नृत्य। उन्होंने खूब तैयार नृत्य किया। अमूर्त में 16 मात्राओं के समय–चक्र को रासमंडली के रूप में दर्शाया गया। इसमें 'सम' को कृष्ण और अन्य 15

नृत्य–रचना 'मंडल–कीर्तन'

बिरजू महाराज के पुत्र जयकिशन

मात्राओं को गोपियां बनाया गया। गोपियां, कृष्ण यानी 'सम' को पकड़ने (लाने) की कोशिश करती रहीं लेकिन 'सम' भ्रम ही रहा। अंत में वे कृष्ण को पाने में सफल रहीं यानी 'सम' पर आ गईं। कथक व्याकरण की यह उत्कृष्ट प्रस्तुति थी। उन्होंने ठुमरी पर मनोहारी भावाभिनय किया।

विख्यात नृत्य रचनाकार कुमुदिनी लाखिया (अहमदाबाद) की 'युगल' नृत्य–रचना एक बेहतरीन और अभिनव प्रस्तुति थी। इसमें अर्जुन मिश्रा और दक्षा सेठ ने नृत्य किया। अर्जुन मिश्रा के चक्कर और पैरों का काम बहुत ही अच्छा था। इस नृत्य रचना में गति और अगति को अमूर्त रूप में पेश किया गया।

पांच मल्हार रागों देस, सूरदासी, मीयां, गौड़ और मेघ मल्हार पर आधारित गुरू कुन्दनलाल गंगानी की नृत्य–रचना 'पंच मल्हारिका' में सभी रागों को मूर्त रूप देने की कोशिश की गई। इसमें पांच नृत्यकारों ने भाग लिया।

मुन्नालाल शुक्ला की रचना 'संगम' में 'सागर और सरिता' के अमूर्त रूप को सतीश शुक्ला और चन्द्रप्रभा ने संतोषजनक ढंग से पेश किया। 'गुरू शिष्य धर्म' में उमा शर्मा के शिष्यों ने रास पर आधारित नृत्य किया। यह भी अपने प्रकार की नवीन और प्रशंसनीय प्रस्तुति थी।

इसी दिन बिरजू महाराज के पुत्र जयकिशन ने तीन ताल में शानदार नृत्य किया।

▼ ▼ ▼

परम्परा के दर्द से बंधी संगीतमय उपलब्धि

(5 अक्टूबर, 1984)

पिछले दिनों नई दिल्ली के 'कमानी ऑडिटोरियम' में चार दिन तक उन महिला गायिकाओं का मेला लगा रहा, जिन्होंने अपनी साधना के बल पर संगीत की एक परम्परा को आज भी जिन्दा रखा है। इन गायिकाओं ने ठुमरी, दादरा, कजरी, चेती, होरी, गज़ल और ध्रुपद गाकर दिल्ली के संगीत–रसिकों को मंत्रमुग्ध कर दिया। भारतीय कला केन्द्र और साहित्य कला परिषद द्वारा आयोजित इस भव्य समारोह की मूल आयोजिका थीं श्रीमती रीता गांगुली।

श्रीमती रीता सुप्रसिद्ध गज़ल गायिका हैं और विख्यात गायिका बेगम अख्तर की प्रिय शिष्याओं में से एक हैं। पिछले तीन वर्षों से वह इस महत्वपूर्ण आयोजन के लिए अध्ययन और अनुसंधान में लगी हुई हैं।

इस समारोह के अवसर पर दो दिन तक संगोष्ठियों का आयोजन भी किया गया।

संगोष्ठी में आयोजन के मूल उद्देश्य पर प्रकाश डालते हुए अपने 'उद्देश्य पत्र' में श्रीमती रीता ने कहा कि इस संगोष्ठी में जीवित और पेशेवर

परम्परा के दर्द से बंधी संगीतमय उपलब्धि

—ब्रजेन्द्र रेही—

'वूमेन म्युजिक मेकर्स आफ इण्डिया' समारोह

पिछले दिनों नयी दिल्ली के 'कमानी ऑडिटोरियम' में चार दिन तक उन महिला गायिकाओं का मेला लगा रहा, जिन्होंने अपनी साधना के बल पर संगीत की एक परम्परा को आज भी जिन्दा रखा है। इन गायिकाओं ने ठुमरी, दादरा, कजरी, चेती, होरी, गज.ल और ध्रुपद गाकर दिल्ली के संगीत-रसिकों को मंत्रमुग्ध कर दिया। भारतीय कला केन्द्र और साहित्य कला परिषद द्वारा आयोजित इस भव्य समारोह की मूल आयोजिका थीं श्रीमती रीता गांगुली।

श्रीमती रीता सुप्रसिद्ध गज.ल गायिका है और विख्यात गायिका बेगम अख्तर की प्रिय शिष्याओं में से एक हैं पिछले तीन वर्षों से वह इस महत्वपूर्ण आयोजन के लिए अध्ययन और अनुसंधान में लगी हुई हैं।

इस समारोह के अवसर पर दो दिन तक संगोष्ठियों का आयोजन भी किया गया।

संगोष्ठी में आयोजन के मूल उद्देश्य पर प्रकाश डालते हुए अपने 'उद्देश्य पत्र' में श्रीमती रीता ने कहा कि इस संगोष्ठि में जीवित और पेशेवर गायिकाओं की कलासाधना पर प्रकाश डाला जाएगा। उनका मंतव्य था कि इतिहास के परिप्रेक्ष्य में इन महिला गायिकाओं की गायन-शैली का अध्ययन इसलिए भी जरूरी है कि उससे शास्त्रीय संगीत की तत्कालीन परम्पराओं की जानकारी हो सकेगी।

रीता ने बातचीत के दौरान बताया 'देश में इस समय लगभग 80 लाख पेशेवर गाने-बजाने वाले हैं। इनमें बड़ी संख्या परंपरागति गायिकाओं की भी है। ऐसी गायिकाओं की जीवनी और कार्य के संग्रह की ओर कोई ध्यान नहीं दिया गया। पिछले तीन वर्षों से मैं इस दिशा में प्रयत्नशील हूं।

एक प्रश्न के उत्तर में उन्होंने कहा कि अनेक ऐसी गायिकाएं हैं, जिन्होंने अपने बच्चों को गाना सिखाना बन्द कर दिया है। परिणामस्वरूप एक परंपरा अवसान की ओर बढ़ रही हैं इसे जीवित रखना, संगीत की साधना है, जरूरत हैं।

इस संगीत सम्मेलन की महत्वपूर्ण उपलब्धि थी श्रीमती अल्लाजिलाई बाई (बीकानेर) श्रीमती असगरी बाई (टीकमगढ़) और श्रीमती बागेश्वरी देवी (बनारस)। ये तीनों वयोवृद्ध और वरिष्ठ गायिकाएं अपने में एक परम्परा हैं जिसे उन्होंने एक साधक के रूप में अलग-अलग राज दरबारों से अपनाया। इन दिग्गज गायिकाओं का रस-भीगा स्वर दिल्ली के संगीत रसिकों के वर्षों तक छाया रहेगा।

श्रीमती अल्लाजिलाई बाई राजस्थान के लोकप्रिय 'मांड राग' की तो पर्यायवाची ही बन गई है। धुर रेगिस्तान में गंजती हवाओं के मृदु स्वर उनके गले में जैसे पनाह पाए हुए हैं। टीकमगढ़ की श्रीमती असगरी बाई ध्रुपद धमार की उन कुछ गायिकाओं मे से हैं जिन्हें ताल मात्रा का विशद ज्ञान है।

बनारस की श्रीमती बागेश्वरी देवी की आवाज में आज भी अद्भुत मिठास है उन्होंने जिस अंदाज और ठहराव के साथ भजन और ठुमरियां पेश कीं, वह बेमिसाल थीं।

युवा गायिकाओं में आजमगढ़ की श्रीमती कामेश्वरी देवी अपनी अलग पहचान रखती हैं। वह गायन के साथ साथ 'भाव प्रदर्शन' में भी दक्ष हैं। इलाहाबाद की शांतिदेवी जैन का गायन अनेक श्रोताओं की स्मृतियों में बस गया-सा लगा।

समारोह में जयपुर की श्रीमती अफरोज बानो ने भी शानदार गाया।

संगोष्ठी में संगीत जगत के मूर्धन्य विद्वानों ने भाग लिया। इनमें ठाकुर जयदेव सिंह, दिलीप चन्द्र, बंदी, श्रीमती नैना देवी डा. सन्नो खुराना, उमा चक्रवर्ती एवं अमरिका के डैनियल न्युमेन ने अपने विचार व्यक्त किये तथा निबंध पढे। इस अवसर पर पुरानी दरबारी और पेशेवर गायिकाओं के चित्रों की प्रदर्शनी भी लगायी गई।

निस्संदेह आजादी के बाद दिल्ली में यह अपने प्रकार का पहला आयोजन था, जिसे परंपरा के दर्द से बंधी संगीतमय उपलब्धि की संज्ञा दी जा सकती है।

समारोह का उद्घाटन

गायिकाओं की कला–साधना पर प्रकाश डाला जाएगा। उनका मंतव्य था कि इतिहास के परिप्रेक्ष्य में इन महिला गायिकाओं की गायन–शैली का अध्ययन इसलिए भी जरूरी है कि उससे शास्त्रीय संगीत की तत्कालीन परम्पराओं की जानकारी हो सकेगी।

रीता ने बातचीत के दौरान बताया 'देश में इस समय लगभग 80 लाख पेशेवर गाने–बजाने वाले हैं। इनमें बड़ी संख्या परंपरागत गायिकाओं की भी है। ऐसी गायिकाओं की जीवनी और कार्य के संग्रह की ओर कोई ध्यान नहीं दिया गया। पिछले तीन वर्षों से मैं इस दिशा में प्रयत्नशील हूँ।

एक प्रश्न के उत्तर में उन्होंने कहा कि अनेक ऐसी गायिकाएं हैं, जिन्होंने अपने बच्चों को गाना सिखाना बन्द कर दिया है। परिणामस्वरूप एक परंपरा अवसान की ओर बढ़ रही है। इसे जीवित रखना, संगीत की साधना है, जरूरत है।

इस संगीत सम्मेलन की महत्वपूर्ण उपलब्धि थी श्रीमती अल्लाजिलाई बाई (बीकानेर) श्रीमती असगरी बाई (टीकमगढ़) और श्रीमती बागेश्वरी देवी (बनारस)। ये तीनों वयोवृद्ध और वरिष्ठ गायिकाएं अपने में एक परंपरा हैं जिसे उन्होंने एक साधक के रूप में अलग–अलग राज दरबारों से अपनाया। इन दिग्गज गायिकाओं का रस–भीगा स्वर दिल्ली के संगीत रसिकों पर वर्षों तक छाया रहेगा।

श्रीमती अल्लाजिलाई बाई राजस्थान के लोकप्रिय 'मांड राग' की तो पर्यायवाची ही बन गई हैं। धुर रेगिस्तान में गूंजती हवाओं के मृदु स्वर उनके गले में जैसे पनाह पाए हुए हैं। टीकमगढ़ की श्रीमती असगरी बाई ध्रुपद–धमार की उन कुछ गायिकाओं में से हैं जिन्हें ताल–मात्रा का विशुद्ध ज्ञान है।

बनारस की श्रीमती बागेश्वरी देवी की आवाज में आज भी अद्भुत मिठास है। उन्होंने जिस अंदाज और ठहराव के साथ भजन और ठुमरियां पेश कीं, वह बेमिसाल थीं।

युवा गायिकाओं में आजमगढ़ की श्रीमती कामेश्वरी देवी अपनी अलग पहचान रखती हैं। वह गायन के साथ–साथ 'भाव प्रदर्शन' में भी दक्ष हैं। इलाहाबाद की शांतिदेवी जैन का गायन अनेक श्रोताओं की स्मृतियों में बस गया सा लगा।

समारोह में जयपुर की श्रीमती अफरोज बानो ने भी शानदार गाया।

संगोष्ठी में संगीत जगत के मूर्धन्य विद्वानों ने भाग लिया। इनमें ठाकुर जयदेव सिंह, दिलीप चन्द्र बेदी, श्रीमती नैना देवी, डा. सन्नो खुराना, उमा चक्रवर्ती एवं अमरीका के डेनियल न्यूमेन ने अपने विचार व्यक्त किए तथा निबंध पढ़े।

अल्लाजिलाई बाई एक कार्यक्रम में अपनी प्रस्तुति देती हुईं

इस अवसर पर पुरानी दरबारी और पेशेवर गायिकाओं के चित्रों की प्रदर्शनी भी लगाई गई।

निस्संदेह आजादी के बाद दिल्ली में यह अपने प्रकार का पहला आयोजन था, जिसे परंपरा के दर्द से बंधी संगीतमय उपलब्धि की संज्ञा दी जा सकती है।

चांदनी में घुंघरू

—नृजेन्द्र रंही—

कथक केन्द्र द्वारा आयोजित तीन दिवसीय 'शरच्चन्द्रिका' नृत्य उत्सव हाल ही में श्रीराम सेंटर में सम्पन्न हुआ। तीन दिन के इस उत्सव में १७ नृत्यांगनाओं ने अपनी कला का प्रदर्शन किया। इस उत्सव की एक विशेषता यह थी कि इसमें लखनऊ, जयपुर और बनारस — तीनों घरानों के कलाकारों ने कार्यक्रम पेश किए। इनमें दो नृत्यांगनाओं श्रीमती उर्मिला नागर और श्रीमती सुनयना हजारी लाल को छोड़कर शेष सभी नयी पीढ़ी की नृत्यांगनाएं थीं, जो विगत एक दशक के दौरान प्रकाश में आयी हैं।

इस नृत्य उत्सव का श्रेय बिरजू महाराज की शिष्या श्रीमती वास्वती महाराज (मिश्र) को ही है।

नृत्य

उन्होंने उत्सव के दूसरे दिन नृत्य के सभी अंगों नृत्य, नृत्त और नाट्य को खूबसूरती से पेश करके दर्शकों से खूब प्रशंसा प्राप्त की। उनका भाव पक्ष चुम्बकीय और आकर्षक था। 'श्याम मोरे मन भाए' (भजन) और 'श्याम हटो, छेड़ो ना' (ठुमरी) द्वारा वास्वती ने अपनी प्रतिभा का सही प्रतिनिधित्व किया। उन्होंने अधिकांश चीजें १३ मात्रा में प्रस्तुत कीं।

दूसरी महत्वपूर्ण प्रस्तुति जयपुर घराने के मनीषी नृत्याचार्य स्व. सुन्दर प्रसाद और स्व. कुन्दनलाल गंगानी की वरिष्ठ शिष्या श्रीमती उर्मिला नागर की थी। उन्होंने अपने कार्यक्रम की शुरुआत भजन से की। श्रीमती नागर ने सभी चीजें ताल अष्टमंगल (११ मात्रा) में पेश कीं। पद-संचालन और लय पर उनका पूरा अधिकार है। पैरों से बोल बहुत साफ निकलते हैं। उन्होंने जयपुर घराने की कुछ खास परणें नाचीं। उनके कार्यक्रम की खास और प्रशंसनीय बात यह थी कि उन्होंने नृत्य-प्रस्तुति के दौरान कम बातचीत की इनके साथ तबले पर किशन कुमार ने संगति की तथा फतह सिंह ने अच्छी पढ़ंत की सामान्यतः वे मंच पर कुछ ज्यादा ही बातचीत करती हैं। इनके अलावा लखनऊ घराने के गुरु मुन्नालाल शुक्ला की शिष्या मीना मल्होत्रा ने भी नृत्य किया। उन्होंने स्व. गुरु लच्छू महाराज की कुछ चीजें नाचीं, जो उनके सबसे पहले गुरु थे।

अहमदाबाद की नृत्यांगना इशीरा पारेख ने तीन ताल में आमद, तोड़े, टुकड़े और चक्कर पेश किए, वहीं गुरु और सुप्रसिद्ध नर्तक पं. दुर्गालाल की शिष्या नूर जहीर ने नृत्य की शुरुआत झपताल में तराना से की। लखनऊ घराने के गुरु विक्रम सिंह और पं. बिरजू महाराज की शिष्या श्रीमती रेणु शर्मा ने श्लोक के साथ गुरु वंदना की। बाद में तीन ताल में निबद्ध शुद्ध नृत्त तथा एक ठुमरी भी पेश की।

कलकत्ता के पं. रामनारायण मिश्र और पं. बिरजू महाराज के शिष्य अर्जुन मिश्र ने अपने चक्करों से दर्शकों को चमत्कृत किया। उन्होंने थाट, आमद, गत निकास खूबसूरती से पेश किए किन्तु ज्यादा जोर 'नृत्त' पर ही रहा। उत्सव में हरीश रावत, संगीता मित्तल (जयपुर), अमला मेहता (पूना), मदन, काजल मिश्र (कलकत्ता) कपिला राज (लखनऊ) ने भी नृत्य पेश किया। रामलखन यादव (पखावज), गोविन्द चक्रवर्ती (तबला), सुभाष निर्वाण (तबला), हरिशंकर राय और धीरा घोष (गायन) की संगति प्रभावशाली थी।

कथक केन्द्र ने शरद की चांदनी में घुंघरुओं के सुमधुर स्वरों के स्तवन का यह कार्यक्रम इस वर्ष ही शुरू किया है।

चांदनी में घुंघरू

(17 अक्टूबर, 1984)

कथक केन्द्र द्वारा आयोजित तीन दिवसीय 'शरच्चन्द्रिका' नृत्य उत्सव हाल ही में श्रीराम सेंटर में सम्पन्न हुआ। तीन दिन के इस उत्सव में 17 नृत्यांगनाओं ने अपनी कला का प्रदर्शन किया। इस उत्सव की एक विशेषता यह थी कि इसमें लखनऊ, जयपुर और बनारस – तीनों घरानों के कलाकारों ने कार्यक्रम पेश किए। इनमें दो नृत्यांगनाओं श्रीमती उर्मिला नागर और श्रीमती सुनयना हजारी लाल को छोड़कर शेष सभी नई पीढ़ी की नृत्यांगनाएं थीं, जो विगत एक दशक के दौरान प्रकाश में आई हैं।

इस नृत्य उत्सव का श्रेय बिरजू महाराज की शिष्या श्रीमती वास्वती महाराज (मिश्र) को ही है। उन्होंने उत्सव के दूसरे दिन नृत्य के सभी अंगों नृत्य, नृत्त और नाट्य को खूबसूरती से पेश करके दर्शकों से खूब प्रशंसा प्राप्त की। उनका भाव पक्ष चुम्बकीय और आकर्षक था। 'श्याम मोरे मन भाए' (भजन) और 'श्याम हटो, छेड़ो ना' (ठुमरी) द्वारा वास्वती ने अपनी प्रतिभा का सही प्रतिनिधित्व किया। उन्होंने अधिकांश चीजें 13 मात्रा में प्रस्तुत कीं।

दूसरी महत्वपूर्ण प्रस्तुति जयपुर घराने के मनीषी नृत्याचार्य स्व. सुन्दर प्रसाद और स्व. कुन्दनलाल गंगानी की वरिष्ठ शिष्या श्रीमती उर्मिला नागर की थी। उन्होंने अपने कार्यक्रम की शुरूआत भजन से की। श्रीमती नागर ने सभी चीजें ताल अष्टमंगल (11 मात्रा) में पेश कीं। पद–संचालन और लय पर उनका पूरा अधिकार है। पैरों से बोल बहुत साफ निकलते हैं। उन्होंने जयपुर घराने की कुछ खास परणें नाचीं।

उनके कार्यक्रम की खास और प्रशंसनीय बात यह थी कि उन्होंने नृत्य–प्रस्तुति के दौरान कम बातचीत की। इनके साथ तबले पर किशन कुमार ने संगति की तथा फतह सिंह ने अच्छी पढंत की। सामान्यतः वे मंच पर कुछ ज्यादा ही बातचीत करती हैं। इनके अलावा लखनऊ घराने के गुरू मुन्नालाल शुक्ला की शिष्या मीना मल्होत्रा ने भी नृत्य किया। उन्होंने स्व. गुरू लच्छू महाराज की कुछ चीजें नाचीं, जो उनके सबसे पहले गुरू थे।

अहमदाबाद की नृत्यांगना इशीरा पारेख ने तीन ताल में आमद, तोड़े, टुकड़े और चक्कर पेश किए, वहीं गुरू और सुप्रसिद्ध नर्तक पं. दुर्गालाल की शिष्या नूर जहीर ने नृत्य की शुरूआत झपताल में तराना से की। लखनऊ घराने के गुरू विक्रम सिंह और पं. बिरजू महाराज की शिष्या श्रीमती रेणु शर्मा ने श्लोक के साथ गुरू वंदना की। बाद में तीन ताल में निबद्ध शुद्ध नृत्त तथा एक ठुमरी भी पेश की।

कलकत्ता के पं. रामनारायण मिश्र और पं. बिरजू महाराज के शिष्य अर्जुन मिश्र ने अपने चक्करों से दर्शकों को चमत्कृत किया। उन्होंने थाट, आमद, गत निकास खूबसूरती से पेश किए किन्तु ज्यादा जोर 'नृत्त' पर ही रहा।

उत्सव में हरीश रावत, संगीता मित्तल (जयपुर), अमला मेहता (पूना), मदन, काजल मिश्र (कलकत्ता), कपिला राज (लखनऊ) ने भी नृत्य पेश किया। रामलखन यादव (पखावज), गोविन्द चक्रवर्ती (तबला), सुभाष निर्वाण (तबला), हरिशंकर राय और धीरा घोष (गायन) की संगति प्रभावशाली थी।

कथक केन्द्र ने शरद की चांदनी में घुंघरुओं के सुमधुर स्वरों के स्तवन का यह कार्यक्रम इस वर्ष ही शुरू किया है।

▼ ▼ ▼

भारती शिवाजी का भरतनाट्यम

(1 जनवरी, 1985)

हाल ही में 'इंडिया इंटरनेशनल सेंटर' में दक्षिण भारतीय नृत्य शैली 'मोहिनीअट्टम' की नृत्यांगना भारती शिवाजी ने मंझे हुए अंदाज में 'भरतनाट्यम' पेश किया।

वे भरतनाट्यम की कुशल नर्तकी हैं, लेकिन केरल की शास्त्रीय नृत्य शैली 'मोहिनीअट्टम' को लोकप्रिय बनाने में उनका प्रमुख योगदान रहा है। वे इस नृत्य शैली की अधिकृत प्रवक्ता मानी जाती हैं।

भारती जी ने के.एन दंडायुथपाणी पिल्लै की नृत्य–रचनाओं को खूबसूरती से पेश किया। संचारी भावों के प्रस्तुतिकरण में उनका अभिनय बेजोड़ था। नायिका के श्रृंगार को उन्होंने जीवंत अंदाज में पेश किया। उनके अभिनय में चुम्बकीय आकर्षण और लय में प्राकृतिक संगीत का सामंजस्य है।

उनकी एक बड़ी खूबी यह है कि उनकी मुद्राएं अंतरिक्ष में शिल्पाकृतियों की बनती–बिगड़ती सौन्दर्ययुक्त आकृतियों का आभास देती हैं। लय और ताल के साथ उनकी खिलवाड़ लालित्यपूर्ण थी।

भारती शिवाजी का भरतनाट्यम

ब्रजेन्द्र रेही

हाल ही में 'इंडिया इंटरनेशनल सेंटर' में दक्षिण भारतीय नृत्य शैली 'मोहिनी अट्टम' की नृत्यांगना भारती शिवाजी ने मँजे हुए अंदाज में 'भरतनाट्यम' पेश किया।

वे भरतनाट्यम की कुशल नर्तकी हैं, लेकिन केरल की शास्त्रीय नृत्य शैली 'मोहिनी अट्टम' को लोकप्रिय बनाने में उनका प्रमुख योगदान रहा है। वे इस नृत्य शैली की अधिकृत प्रवक्ता मानी जाती है।

भारती जी ने के. एन. दंडायुधपाणी पिल्लै की नृत्य-रचनाओं को खूबसूरती से पेश किया। संचारी भावों के प्रस्तुतीकरण में उनका अभिनय बेजोड़ था। नायिका के श्रृंगार को उन्होंने जीवंत अंदाज में पेश किया। उनके अभिनय में चुम्बकीय आकर्षण और लय में प्राकृतिक संगीत का सामंजस्य है।

उनकी एक बड़ी खूबी यह है कि उनकी मुद्राएं अंतरिक्ष में शिल्पकृतियों की बनती बिगड़ती सौन्दर्ययुक्त आकृतियों का आभास देती हैं। लय और ताल के साथ उनकी खिलवाड़ लालित्यपूर्ण थी। 'गीतोपदेशम' नृत्य-रचना में कृष्ण-अर्जुन संवाद को जिस तरह नृत्याभिनय से उन्होंने पेश किया, वह अविस्मरणीय था। रथ के चलने और सारथी के हाँकने का अभिनय आकर्षक और सटीक था।

'गीतोपदेशम्' नृत्य–रचना में कृष्ण–अर्जुन संवाद को जिस तरह नृत्याभिनय से उन्होंने पेश किया, वह अविस्मरणीय था। रथ के चलने और सारथी के हाँकने का अभिनय आकर्षक और सटीक था।

▼ ▼ ▼

वे बाँध लेने वाले हस्तक

—बृजेन्द्र रेही—

कथक केंद्र द्वारा 'कमानी आडिटोरियम' में आयोजित 'कालका बिन्दादीन जयंती महोत्सव' के दूसरे दिन मंगलवार को पाकिस्तान की अतिथि कथक नृत्यांगना श्रीमती नाहिद सिद्दीकी के अलावा सभी प्रस्तुतियां साधारण थीं।

श्रीमती सिद्दीकी ने नृत्य की शुरुआत सलामी के बहुत ही खूबसूरत अंदाज़ में 'तिखट' से की। उनका अंग संचालन और पद विन्यास आकर्षक है। गत निकास में मुद्राओं के बनते-उभरते आकार शिल्पाकृतियों के जीवंत रूप लगते हैं। कलाइयों का घुमाव और हस्तक का खुलना-सिमटना दर्शकों को बांधता है।

वे पाकिस्तान की राष्ट्रीय नृत्य अकादमी की भूतपूर्व सदस्य तथा वर्तमान में लंदन में नृत्य-प्रशिक्षण दे रही हैं।गुरु गुलाम हुसैन की शिष्या श्रीमती सिद्दीकी ने ताल धमार में कथक के व्याकरण पक्ष को सुंदर तरीके से पेश किया। लय पर उनका अधिकार प्रशंसनीय है। उनकी एक खासीयत व्याकरण को 'नजाकत' से पेश करना है। ऐसी नज़ाकत हाल के वर्षों में दिल्ली में होने वाले नृत्य आयोजनों में देखने को नहीं मिली।

इस दिन की दूसरी प्रस्तुति थी गुरु मुन्नालाल शुक्ला की नृत्य-रचना 'अन्वेषा'। यह नृत्य रचना दक्षिण उड़ीसा की आदिवासी लोककथा पर आधारित थी, जिसका संगीत पार्थदास ने तैयार

नृत्य

किया था। नृत्य रचना में दो तीन नृत्यकारों को छोड़कर. अधिकांश अपना प्रभाव नहीं छोड़ पाए। 'रूपा' के रूप में चंद्रप्रभा का नृत्याभिनय सटीक और आकर्षक था। 'यम' की भूमिका में असगर तिरमिजी तथा 'चील' का अभिनय करने वाली नृत्यांगना ने अच्छा प्रदर्शन किया।

तीरथ अजमानी की नृत्य रचना 'परंपरा प्रवाह' बिखरी हुई प्रस्तुति थी। हालांकि इसमें कृष्णमोहन, राममोहन और जयकिशन जैसे कुशल नर्तक थे, किन्तु संगतिकारों के साथ सामंजस्य का अभाव खटक रहा था। अलबत्ता कृष्णमोहन के चक्कर बहुत सधे हुए और सुंदर तथा पैरों का काम खूबसूरत था।

नई पीढ़ी की सुप्रसिद्ध नृत्यांगना सास्वती सेन के निर्देशन में 'विचित्रछंदा' नृत्य रचना अभिनव और अच्छा प्रयास था, किन्तु उसकी प्रस्तुति अपेक्षित प्रभाव नहीं छोड़ पाई।

इस नृत्य रचना को चार, पाँच, छह और सात मात्राओं में पिरोया गया था। इसमें यह दर्शाने की कोशिश की गई थी कि आधारभूत लय और मात्राएँ समान होने के बावजूद लोकनृत्य सरल और शास्त्रीय नृत्य कठिन लगते हैं।

इसमें भाग लेने वाले लोकनृत्यकार, लोकनृत्यों के आंतरिक भावों, भंगिमाओं आदि को सही ढंग से पेश नहीं कर सके। राजस्थानी लोकनृत्य 'घूमर' का अंश तो निराशाजनक था।

वे बाँध लेने वाले हस्तक

(7 फरवरी, 1985)

कथक केंद्र द्वारा 'कमानी ऑडिटोरियम' में आयोजित 'कालका बिन्दादीन जयंती महोत्सव' के दूसरे दिन मंगलवार को पाकिस्तान की अतिथि कथक नृत्यांगना श्रीमती नाहिद सिद्दीकी के अलावा सभी प्रस्तुतियाँ साधारण थीं।

श्रीमती सिद्दीकी ने नृत्य की शुरूआत सलामी के बहुत ही खूबसूरत अंदाज़ में 'तिखट' से की। उनका अंग संचालन और पद विन्यास आकर्षक था। गत निकास में मुद्राओं के बनते–उभरते आकार शिल्पाकृतियों के जीवंत रूप लगते हैं। कलाईयों का घुमाव और हस्तक का खुलना–सिमटना दर्शकों को बाँधता है।

वे पाकिस्तान की राष्ट्रीय नृत्य अकादमी की भूतपूर्व सदस्य तथा वर्तमान में लंदन में नृत्य–प्रशिक्षण दे रही हैं। गुरू गुलाम हुसैन की शिष्या श्रीमती सिद्दीकी ने ताल धमार में कथक के व्याकरण पक्ष को सुंदर तरीके से पेश किया। लय पर उनका अधिकार प्रशंसनीय है। उनकी एक खासियत

व्याकरण को 'नज़ाकत' से पेश करना है। ऐसी नज़ाकत हाल के वर्षों में दिल्ली में होने वाले नृत्य आयोजनों में देखने को नहीं मिली।

इस दिन की दूसरी प्रस्तुति थी गुरू मुन्नालाल शुक्ला की नृत्य–रचना 'अन्वेषा'। यह नृत्य रचना दक्षिण उड़ीसा की आदिवासी लोककथा पर आधारित थी, जिसका संगीत पार्थोदास ने तैयार किया था। नृत्य रचना में दो तीन नृत्यकारों को छोड़कर, अधिकांश अपना प्रभाव नहीं छोड़ पाए। 'रूपा' के रूप में चंद्रप्रभा का नृत्याभिनय सटीक और आकर्षक था। 'यम' की भूमिका में असगर तिरमिजी तथा 'चील' का अभिनय करने वाली नृत्यांगना ने अच्छा प्रदर्शन किया।

तीरथ अजमानी की नृत्य रचना 'परंपरा प्रवाह' बिखरी हुई प्रस्तुति थी। हालांकि इसमें कृष्णमोहन, राममोहन और जयकिशन जैसे कुशल नर्तक थे, किन्तु संगतिकारों के साथ सामंजस्य का अभाव खटक रहा था। अलबत्ता कृष्णमोहन के चक्कर बहुत सधे हुए और सुंदर तथा पैरों का काम खूबसूरत था।

नई पीढ़ी की सुप्रसिद्ध नृत्यांगना शाश्वती सेन के निर्देशन में 'विचित्रछंदा' नृत्य रचना अभिनव और अच्छा प्रयास था, किन्तु उसकी प्रस्तुति अपेक्षित प्रभाव नहीं छोड़ पाई।

इस नृत्य रचना को चार, पाँच, छह और सात मात्राओं में पिरोया गया था। इसमें यह दर्शाने की कोशिश की गई थी कि आधारभूत लय और मात्राएँ समान होने के बावजूद लोकनृत्य सरल और शास्त्रीय नृत्य कठिन लगते हैं।

इसमें भाग लेने वाले लोक कलाकार, लोकनृत्यों के आंतरिक भावों, भंगिमाओं आदि को सही ढंग से पेश नहीं कर सके। राजस्थानी लोकनृत्य 'घूमर' का अंश तो निराशाजनक था।

पैरों में ठुमरी, आँखों में महाकाव्य

(11 फरवरी, 1985)

कथक केंद्र द्वारा आयोजित चार दिवसीय 'कथक महोत्सव' गत गुरूवार को 'कमानी ऑडिटोरियम' में सुविख्यात नृत्याचार्य बिरजू महाराज के 'भावाभिनय' के साथ समाप्त हो गया। नृत्य रचनाओं पर केन्द्रित इस महोत्सव में ग्यारह नृत्य रचनाएँ प्रस्तुत की गईं, जिनमें से चार बिरजू महाराज की थीं।

महाराज ने ठुमरियाँ और भजन पर भाव दिखाए। अपने युग के सिद्धहस्त नर्तकों अच्छन महाराज, लच्छू महाराज और शंभू महाराज की निकास की गतों तथा अपने पिता अच्छन महाराज की 'आँचल' की गत को उन्होंने उसी पुराने अंदाज में दिखाया।

बिरजू महाराज की आँखों में 'भाव' महाकाव्य की रचना करते जान पड़ते हैं और अभिनय हृदय के आकाश में उगने वाली आकाशगंगा का शब्दकोष लगता है। महाराज को कुछ कहने के लिए न तो वाद्यों के तामझाम

पैरों में ठुमरी, आँखों में महाकाव्य

कथक केंद्र द्वारा आयोजित चार दिवसीय 'कथक महोत्सव' गत गुरुवार को 'कमानी ऑडिटोरियम' में सुविख्यात नृत्याचार्य बिरजू महाराज के 'भावाभिनय' के साथ समाप्त हो गया। नृत्य रचनाओं पर केन्द्रित इस महोत्सव में ग्यारह नृत्य रचनाएँ प्रस्तुत की गई, जिनमें से चार बिरजू महाराज की थीं।

महाराज ने ठुमरियों और भजन पर भाव दिखाए। अपने युग के सिद्धहस्त नर्तकों अच्छन महाराज, लच्छू महाराज और शंभू महाराज की निकास की गतों तथा अपने पिता अच्छन महाराज की 'आँचल' की गत को उन्होंने उसी पुराने अंदाज में दिखाया।

नृत्य

बिरजू महाराज की आँखों में 'भाव', महाकाव्य की रचना करते जान पड़ते हैं और अभिनय हृदय के आकाश में उगने वाली आकाशगंगा का शब्दकोश लगता है। महाराज को कुछ कहने के लिए न तो वाद्यों के तामझाम की जरूरत रहती है, न रोशनी के उतार-चढ़ावों की। वे सीधी-सपाट नज़र उठाते हैं तो नायिका की मनुहार, उसका गुस्सा, छेड़छाड़, कसक और तड़पन का अहसास सहज ही हो जाता है। ''बीच डगर मोरी बैया गहलीना'' ठुमरी में जिस बारीकी से उन्होंने आँखों, वक्ष, हस्तक और गर्दन की लोच-लचक से अनुभूतियों को अर्थ दिए, वे एक कुशल नायिका के पर्याय ही थे।

इसी दिन महाराज के निर्देशन में तैयार नृत्य रचना 'ठुमरी मलिका' में नायिकाओं के भिन्न-भिन्न रूपों को ठुमरी द्वारा दर्शाया गया था। अपने प्रकार की अभिनव प्रस्तुति में सात ठुमरियों को जोड़ा गया था। यह एक उत्कृष्ट कोटि की नृत्य रचना थी जिसमें अन्य नृत्यकारों में सरस्वती सेन का 'भावाभिनय' बेजोड़ और अपनी पहचान 'आप' था।

सुप्रसिद्ध नर्तक पं. दुर्गालाल के निर्देशन में 'स्वरछंदा' सरगम के प्रयोग की एक सुंदर प्रस्तुति थी। इसका कर्ण प्रिय संगीत ज्वाला प्रसाद ने तैयार किया था। सरगम के शब्दों को कथक के व्याकरण में पिरोकर खूबसूरती से पेश करके दुर्गालाल ने अपनी परिकल्पना की सार्थकता सिद्ध थी। इस नृत्य रचना में भाग लेने वाले कलाकार थे : रेणु, मधु, आभा, मंगला, सुजाला, ऋतु, मार्लेन और राखी।

कलकत्ता के ओमप्रकाश और मालिक्का मित्र ने 'कवित्त' पेश किए।

इससे पूर्व बुधवार को नई पीढ़ी की प्रतिभाशाली नृत्यांगना वास्वती मिश्र के निर्देशन में 'अन्तरहितत्वम्' एक श्रेष्ठ प्रस्तुति थी। इस प्रस्तुति से वास्वती ने एक प्रतिभाशाली नृत्य-रचनाकार का परिचय दिया। इसका संगीत भी ज्वाला प्रसाद ने दिया था। ओडिसी नृत्यांगना माधवी मुद्गल का नृत्य औसत से अधिक नहीं था और असम के 'सत्रिया' नृत्य ने निराश किया।

बिरजू महाराज के निर्देशन में तैयार 'ध्रुपदिका' राग बसंत पर आधारित श्रेष्ठ प्रस्तुति थी।

ब्रजेन्द्र रेही

बिरजू महाराज

की जरूरत पड़ती है, न रोशनी के उतार–चढ़ावों की। वे सीधी–सपाट नज़र उठाते हैं तो नायिका मनुहार, उसका गुस्सा, छेड़छाड़, कसक और तड़पन का अहसास सहज ही हो जाता है। ''बीच डगर मोरी बैंया गहलीना'' ठुमरी में जिस बारीकी से उन्होंने आँखों, वक्ष, हस्तक और गर्दन की लोच–लचक से अनुभूतियों को अर्थ दिए, वे एक कुशल नायिका के पर्याय ही थे।

इसी दिन महाराज के निर्देशन में तैयार नृत्य रचना 'ठुमरी मलिका' में नायिकाओं के भिन्न–भिन्न रूपों को ठुमरी द्वारा दर्शाया गया था। अपने प्रकार की अभिनव प्रस्तुति में सात ठुमरियों को जोड़ा गया था। यह एक उत्कृष्ट कोटि की नृत्य रचना थी जिसमें अन्य नृत्यकारों में शाश्वती सेन का 'भावाभिनय' बेजोड़ और अपनी पहचान 'आप' था।

सुप्रसिद्ध नर्तक पं० दुर्गालाल के निर्देशन में 'स्वरछंदा' सरगम के प्रयोग की एक सुंदर प्रस्तुति थी। इसका कर्णप्रिय संगीत ज्वाला प्रसाद ने तैयार किया था। सरगम के शब्दों को कथक के व्याकरण में पिरोकर खूबसूरती से पेश करके दुर्गालाल ने अपनी परिकल्पना की सार्थकता सिद्ध की। इस नृत्य रचना में भाग लेने वाले कलाकार थे : रेणु, मधु, आभा, मंगला, सुजाला, ऋतु, मार्लेन और राखी।

कलकत्ता के ओमप्रकाश और मालविका मित्रा ने 'कवित्त' पेश किए।

इससे पूर्व बुधवार को नई पीढ़ी की प्रतिभाशाली नृत्यांगना वास्वती मिश्र के निर्देशन में 'अन्तरहितत्वम्' एक श्रेष्ठ प्रस्तुति थी। इस प्रस्तुति से वास्वती ने एक प्रतिभाशाली नृत्य–रचनाकार का परिचय दिया। इसका संगीत भी ज्वाला प्रसाद ने दिया था। ओडिसी नृत्यांगना माधवी मुद्‌गल का नृत्य औसत से अधिक नहीं था और असम के 'सत्रिया' नृत्य ने निराश किया।

बिरजू महाराज के निर्देशन में तैयार 'ध्रुपदिका' राग बसंत पर आधारित श्रेष्ठ प्रस्तुति थी।

बैले नहीं, नृत्य नाटिका थी

(2 अप्रैल, 1985)

श्रीराम भारतीय कला केंद्र द्वारा उमा शर्मा के नृत्य–निर्देशन में तैयार 'अनारकली' नृत्य–नाटिका एक सफल प्रस्तुति कही जा सकती है। 'कमानी सभागार' में प्रस्तुत इस नृत्य–नाटिका का कथानक भारतीय इतिहास की बहुचर्चित प्रणय–कथा है। हालांकि इस प्रस्तुति को बैले कहकर प्रचारित किया गया, किन्तु बैले के मूलतत्त्व इसमें नहीं हैं। नृत्य–नाटिका शब्द उतना ही गरिमावान है, जितना कि बैले। इसलिए नृत्य रचनाकारों को या तो 'बैले' तैयार करने चाहिए या फिर इस शब्द से जुड़े रहने की दासता से मुक्ति लेनी चाहिए।

'अनारकली' का मुख्य आकर्षण रहा पं० शिवप्रसाद और ज्वालाप्रसाद द्वारा तैयार प्रभावशाली संगीत तथा 'अनारकली' की भूमिका निभाने वाली नृत्यांगना वास्वती मिश्र। विगत दो–तीन वर्षों में भारतीय कला केंद्र ने जितने भी कार्यक्रम तैयार किए हैं, उनमें वास्वती मिश्र ने कुशल भूमिका निभाई है। बारह दृश्यों वाली इस नृत्यनाटिका में वास्वती ने अपने नृत्य

बैले नहीं, नृत्य नाटिका थी

श्रीराम भारतीय कला केंद्र द्वारा उमा शर्मा के नृत्य-निर्देशन में तैयार 'अनारकली' नृत्य-नाटिका एक सफल प्रस्तुति कही जा सकती है। 'कमानी सभागार' में प्रस्तुत इस नृत्य-नाटिका का कथानक भारतीय इतिहास की बहुचर्चित प्रणय-कथा है। हालांकि इस प्रस्तुति को बैले कहकर प्रचारित किया गया, किन्तु बैले के मूलतत्व इसमें नहीं हैं। नृत्य-नाटिका शब्द उतना ही गरिमावान है, जितना कि

नृत्य

बैले। इसलिए नृत्य रचनाकारों को या तो 'बैले' तैयार करने चाहिए या फिर इस शब्द से जुड़े रहने की दासता से मुक्ति लेनी चाहिए।

'अनारकली' का मुख्य आकर्षण रहा पं. शिवप्रसाद और ज्वालाप्रसाद द्वारा तैयार प्रभावशाली संगीत तथा 'अनारकली' की भूमिका निभाने वाली नृत्यांगना बास्वती मिश्र। विगत दो-तीन वर्षों में भारतीय कला केंद्र ने जितने भी कार्यक्रम तैयार किए हैं, उनमें बास्वती मिश्र ने कुशल भूमिका निभाई है। बारह दृश्यों वाली इस नृत्यनाटिका में बास्वती ने अपने नृत्य, अंगाभिनय, सटीक भावों और 'सम' पर बनती 'चुम्बकीय मुद्राओं' से दर्शकों को पूरे समय बाँधे रखा। सबसे प्रभावशाली दृश्य था जब सम्राट अकबर (जयदेव चटर्जी) अनारकली को 'सजा-ए-मौत' सुनाते हैं। उस समय बास्वती का चेहरा जैसा निर्जीव और भावशून्य हो गया, वह दर्शकों के मर्म को छू लेने वाला था।

अन्य कलाकारों में भूषण लखान्द्री (सलीम), जयदेव चटर्जी (अकबर) और दिलाराम (नीरा बत्रा) ने अपनी-अपनी भूमिकाओं को अच्छी तरह से निभाया। हाँ, प्रणय दृश्यों में सलीम और अनारकली 'फिल्मी' अंदाज़ में थे।

इस नृत्यनाटिका का सबसे कमज़ोर पहलू था—समूह नृत्य रचनाएँ। नृत्य-निर्देशिका ने अपनी परिकल्पना का संतोषजनक सबूत नहीं दिया। उन्होंने हाथ की एक-दो मुद्राएँ और खड़ी लाइन में तलवार का जैसा प्रयोग किया, वह अधिक प्रभावशाली नहीं था। सलीम और अकबर के सैनिकों के बीच लड़ाई का दृश्य भी जीवन्त था। यदि निर्देशिका 'नृत्त' पर ज़ोर देतीं, तो यह दृश्य अच्छा बन सकता था।

शोभा दीपक सिंह का आलेख और रफ़त सरोश के संवाद तथा गीत अच्छे थे। पार्श्व गायन में शांति शर्मा की आवाज़ दिल्ली के दर्शकों को लंबे समय तक याद रहेगी।

—बृजेन्द्र रेही

अंगाभिनय, सटीक भावों और 'सम' पर बनती 'चुम्बकीय मुद्राओं' से दर्शकों को पूरे समय बाँधे रखा। सबसे प्रभावशाली दृश्य था जब सम्राट अकबर (जयदेव चटर्जी) अनारकली को 'सजा–ए–मौत' सुनाते हैं। उस समय वास्वती का चेहरा जैसा निर्जीव और भावशून्य हो गया, वह दर्शकों के मर्म को छू लेने वाला था।

अन्य कलाकारों में भूषण लखान्द्री (सलीम), जयदेव चटर्जी (अकबर) और दिलाराम (नीरा बत्रा) ने अपनी–अपनी भूमिकाओं को अच्छी तरह से निभाया। हाँ, प्रणय दृश्यों में सलीम और अनारकली 'फिल्मी' अंदाज में थे।

इस नृत्यनाटिका का सबसे कमजोर पहलू था–समूह नृत्य रचनाएँ। नृत्य–निर्देशिका ने अपनी परिकल्पना का संजोषजनक सबूत नहीं दिया। उन्होंने हाथ की एक–दो मुद्राएँ और खड़ी लाइन में तलवार का जैसा प्रयोग किया, वह अधिक प्रभावशाली नहीं था। सलीम और अकबर के सैनिकों के बीच लड़ाई का दृश्य भी जीवन्त था। यदि निर्देशिका 'नृत्त' पर जोर देतीं, तो यह दृश्य अच्छा बन सकता था।

शोभा दीपक सिंह का आलेख और रफत सरोश के संवाद तथा गीत अच्छे थे। पार्श्व गायन में शांति शर्मा की आवाज़ दिल्ली के दर्शकों को लंबे समय तक याद रहेगी।

▼ ▼ ▼

'मणिपुरी', लम्बे समय तक याद रहेगा

ब्रजेन्द्र रेही

राजधानी में 'त्रिवेणी कला संगम' के मुक्ताकाशी रंगमंच पर सम्पन्न छह दिवसीय मणिपुरी नृत्य महोत्सव अभिनव नृत्य-संरचनाओं (कोरियोग्राफी) के लिए दर्शकों को लम्बे समय तक याद रहेगा।

इस महोत्सव में तीन चर्चित भारतीय नारी चरित्रों—शकुन्तला, सावित्री और सीता पर आधारित नृत्य-नाटिकाओं का प्रदर्शन किया गया। इनकी नृत्य-संरचना सुप्रसिद्ध गुरु, गुरु सिंघजीत सिंह ने की।

तीनों नृत्य-नाटिकाओं की मुख्य भूमिकाएं गुरु सिंघजीत सिंह और नृत्यांगना चारु सैजा ने निभाई। अन्य कलाकारों में सुरचंद्र सिंह, केशुसिंह, बासुसिंह, मंगल जाऊ सिंह, कृष्णा शर्मा, सहदेव सिंह, हेमंत सिंह, धनरानी देवी, ममतादेवी, शांति देवी, राधाप्यारी देवी, वैजयंतिमाला देवी, तनुजा जोशी थे। सभी कलाकारों ने न केवल परिश्रम किया, बल्कि अपनी-अपनी भूमिका को खूबसूरती से निभाया भी। नृत्य-नाटिकाओं का संगीत तैयार किया था—दिल्ली के सितारवादक पार्थोदास ने। उन्होंने मणिपुर की मूल शास्त्रीय धुनों को भी अपने संगीत में पिरोया। रस और भाव के अनुरूप रंगों वाली वेशभूषा तैयार करके चारु सैजा ने नाटिकाओं को चुम्बकीय बना दिया।

नृत्य

मणिपुर नृत्य कथक, भरतनाट्यम और ओडिसी आदि शास्त्रीय नृत्यों से अलग लगता है। इसमें कलाकार घुंघरुओं का प्रयोग नहीं करते हैं और न लय को छोटे-छोटे कालांशों में बांटकर पेश करते हैं। नितम्बों और वक्ष की उत्तेजक मुद्राएं भी मणिपुरी में वर्जित हैं। इस नृत्य शैली की विशेषता है—कोमल और पुष्प की तरह थरथराता अंगाभिनय, नृत्य के दौरान कलाइयों और अंगुलियों का निरन्तर घुमाव और उनसे बनती सुन्दर मुद्राएं, निःशब्द पद-संचालन और लहर की तरह गतिमान रहने वाली चालें।

नृत्य-नाटिकाओं में इन सभी विशेषताओं को खूबसूरती से पिरोया गया था। गुरु सिंघजीत सिंह ने जगोई, चौलम और थांगता जैसी पारंपरिक प्रस्तुतियों का घटनानुसार अच्छा प्रयोग किया।

जगोई मणिपुर का शुद्ध नृत्य है जो लास्य प्रधान है और इसे महिलाएं ही करती हैं जबकि चौलम संकीर्तन का विकसित रूप है, तांडव प्रधान है और इसे पुरुष करते हैं। थांग ता में रौद्र, वीर और वीभत्स अंगाभिनय किया जाता है। इसका आधार तांत्रिक है।

नृत्य रचनाकार ने मनोभावों के अनुरूप इन तत्वों का प्रयोग नृत्य रचनाओं में किया। तीनों नृत्य-नाटिकाएं अनिवर्चनीय आनन्द में सराबोर कर देने वाली हैं।

'मणिपुरी', लम्बे समय तक याद रहेगा

(17 अप्रैल, 1985)

राजधानी में 'त्रिवेणी कला संगम' के मुक्ताकाशी रंगमंच पर सम्पन्न छह दिवसीय मणिपुरी नृत्य महोत्सव अभिनव नृत्य–संरचनाओं (कोरियोग्राफी) के लिए दर्शकों को लम्बे समय तक याद रहेगा।

इस महोत्सव में तीन चर्चित भारतीय नारी चरित्रों–शकुन्तला, सावित्री और सीता पर आधारित नृत्य–नाटिकाओं का प्रदर्शन किया गया। इनकी नृत्य–संरचना सुप्रसिद्ध गुरू, गुरू सिंघजीत सिंह ने की।

तीनों नृत्य–नाटिकाओं की मुख्य भूमिकाएं गुरू सिंघजीत सिंह और नृत्यांगना चारू सैजा ने निभाई। अन्य कलाकारों में सुरचंद्र सिंह, केशुसिंह, बासुसिंह, मंगल जाऊ सिंह, कृष्णा शर्मा, सहदेव सिंह, हेमंद सिंह, धनरानी देवी, समतादेवी, शांति देवी, राधाप्यारी देवी, वैजयंतीमाला देवी, तनुजा जोशी थे। सभी कलाकारों ने न केवल परिश्रम किया, बल्कि अपने–अपनी भूमिका को खूबसूरती से निभाया भी। नृत्य–नाटिकाओं का संगीत तैयार किया था–दिल्ली के सितारवादक पार्थोदास ने। उन्होंने मणिपुर की मूल शास्त्रीय

धुनों को भी अपने संगीत में पिरोया। रस और भाव के अनुरूप रंगों वाली वेशभूषा तैयार करके चारू सैजा ने नाटिकाओं को चुम्बकीय बना दिया।

मणिपुर नृत्य कथक, भरतनाट्यम और ओडिसी आदि शास्त्रीय नृत्यों से अलग लगता है। इसमें कलाकार घुंघरुओं का प्रयोग नहीं करते हैं और न लय को छोटे–छोटे कालांशों में बांटकर पेश करते हैं। नितम्बों और वक्ष की उत्तेजक मुद्राएं भी मणिपुरी में वर्जित हैं। इस नृत्य शैली की विशेषता है–कोमल और पुष्प की तरह थरथराता अंगानिभय, नृत्य के दौरान कलाईयों और अंगुलियों का निरन्तर घुमाव और उनसे बनती सुन्दर मुद्राएं, निःशब्द पद–संचालन और लहर की तरह गतिमान रहने वाली चालें।

नृत्य–नाटिकाओं में इन सभी विशेषताओं को खूबसूरती से पिरोया गया था। गुरू सिंघजीत सिंह ने जगोई, चौलम और थांगता जैसी पारम्परिक प्रस्तुतियों का घटनानुसार अच्छा प्रयोग किया।

जगोई मणिपुर का शुद्ध नृत्य है जो लास्य प्रधान है और इसे महिलाएं ही करती हैं जबकि चौलम संकीर्तन का विकसित रूप है, तांडव प्रधान है और इसे पुरुष करते हैं। थांग ता में रौद्र, वीर और वीभत्स अंगानिभय किया जाता है। इसका आधार तांत्रिक है।

नृत्य रचनाकार ने मनोभावों के अनुरूप इन तत्वों का प्रयोग नृत्य रचनाओं में किया। तीनों नृत्य–नाटिकाएं अनिवर्चनीय आनन्द में सराबोर कर देने वाली हैं।

▼ ▼ ▼